L'Exequatur

Du même auteur

Dans la peau d'un Chinois, Éditions Bernard Barrault, 1988 ; J'ai lu, 1990

Le Ventre de la Chine, Éditions Bernard Barrault, 1990

Dans la peau d'un intouchable, Éditions du Seuil, 1994 ; Points, 1995

Ma famille chinoise, Éditions du Seuil, 1998

Dans la peau d'un…, Éditions du Seuil, 2001

Vous pouvez retrouver Marc Boulet
sur son site internet :
http://marc-boulet.over-blog.com

Marc Boulet

L'Exequatur

*Collection dirigée
par François Guérif*

Rivages/noir

Retrouvez l'ensemble des parutions
des Éditions Payot & Rivages sur

www.payot-rivages.fr

© 2006, Éditions Payot & Rivages
106, bd Saint-Germain – 75006 Paris

ISBN : 2-7436-1575-7
ISSN : 0764-7786

Pour Jade, Anaïs et Kim.

Les notes sont de l'auteur.

Premier round

En France

J'ai décidé de tuer Carlo le jour où Jade est morte.
Jade, ma femme, ma Chinoise, ne connaissait pas Carlo, et pourtant leurs destins étaient liés. À présent, assis devant mon ordinateur, il m'est douloureux de raconter les événements qui ont bouleversé ma vie, mais je dois fouiller dans ma mémoire et n'omettre aucun détail pour expliquer comment je suis devenu un assassin…

Le vendredi 20 juin 2003, vers onze heures du matin, ma vie et celle de Jade ont basculé quand le facteur s'est présenté à notre domicile. Il apportait une lettre recommandée d'un certain maître Pignon, avocat à Paris et membre du Conseil de l'ordre et du Conseil national des barreaux, comme l'indiquait l'en-tête sur la grosse enveloppe en papier kraft. Nous ne connaissions pas cet homme au nom banal à souhait qui, par contraste, mettait en valeur ses distinctions intimidantes. Nous n'avions d'ailleurs jamais eu affaire à un avocat ni à aucun homme de loi. Le courrier n'était pas adressé à Monsieur et Madame H., mais à moi seul : Luc H. demeurant 14, rue Montorgueil dans le IIe arrondissement de Paris.

En tant que journaliste, j'avais toujours été curieux de tout, au point de me métamorphoser en une dizaine d'identités différentes pour comprendre le quotidien de peuples lointains. Je considérais la curiosité, non comme un défaut, mais comme une qualité indispensable dans l'exercice de mon métier de Tintin reporter. J'ai donc signé le récépissé du facteur et accepté le courrier que m'envoyait le dénommé Pignon.

Un avocat, que pouvait-il vouloir de moi ? Pourquoi m'écrivait-il en recommandé ? Je n'en avais aucune idée, mais je ne craignais rien.

J'ai déchiré le haut de l'enveloppe avec l'index et j'en ai tiré une trentaine de feuillets agrafés. Sans réfléchir, sans hésiter, j'ai lu à Jade la première page. C'était une lettre de mise en demeure, dactylographiée en gros caractères et double interligne. Elle était signée d'un paraphe minuscule, comme si maître Pignon essayait de se cacher, comme s'il n'était pas fier de ce qu'il exigeait. Son ultimatum est tombé sur nous comme la foudre :

Monsieur,
Je suis le conseil des assurances Mondinvest, assureur de l'agence de presse Koman. Aux termes d'un jugement rendu par le tribunal civil de Rome, le 6 octobre 1994, dont vous trouverez copie et traduction ci-jointes, vous avez été condamné à rembourser à la société Koman le montant qu'elle a versé en garantie au magazine Perché, suite à l'indemnisation par celui-ci du préjudice de Carlo L. liquidé à la somme de cent millions de lires assortie des intérêts au taux légal à compter de la publication de ladite sentence, et à laquelle s'ajoute deux cent trente-quatre millions de lires de frais de justice, représentant un total de trois cent trente-quatre millions de lires, soit 172 496,60 euros.

Par la présente, je vous mets donc en demeure de

m'adresser sous huitaine un chèque de 172 496,60 euros correspondant aux sommes versées par Mondinvest subrogé dans les droits de Koman. À défaut, je serais contraint de faire exécuter cette décision de justice par tout moyen.

Je suis resté muet. Je ne comprenais rien. Ou plutôt si, je devais juste payer 172 496,60 euros, soit plus d'un million de francs, plus de cent briques, à un inconnu, et sous huit jours !

Jade m'a demandé une explication. Que répondre ? J'ai réfléchi en feuilletant la trentaine de pages jointes en annexe. Il s'agissait bien de la traduction en français d'un procès italien. Celui-ci avait commencé en 1984, près de vingt ans auparavant. J'ai fouillé dans ma mémoire.

Carlo L., ce nom me revenait à l'esprit. Oui, je connaissais un certain Carlo L. Au début des années quatre-vingt, nos routes s'étaient croisées en Asie. Le grand hebdomadaire parisien *Temps modernes* m'y avait envoyé pour réaliser une série de reportages de société. Comme ce Carlo, j'avais alors une vingtaine d'années, moitié moins qu'aujourd'hui. Je débutais dans le journalisme. Lui était pédophile et bourlinguait déjà depuis plusieurs années dans les bordels du tiers-monde. Il avait accepté de me servir de guide pour mener une enquête sur le tourisme sexuel aux Philippines, le paradis des pédophiles selon lui. Comme nous le disions, nous autres reporters, à propos des gens dont nous recueillions les témoignages, ce Carlo était un « bon client ». Il s'y connaissait en matière de prostitution enfantine et de bas-fonds, il était pervers à souhait et son personnage illustrait à la perfection mon papier. Je me suis souvenu combien il se réjouissait que son histoire intéressât un journaliste et qu'elle fût publiée, que des millions de gens pussent la lire. Il espérait accéder à une forme de célébrité.

De retour en Europe, nous nous étions perdus de vue, mais je considérais toujours Carlo comme un ami, même si j'avais dénoncé son vice dans mon magazine, ce à quoi il s'attendait en me laissant le photographier sous tous les angles en « action », en train de tripoter des gamines impubères. Il avait posé pour moi et il y avait pris du plaisir. Avec cœur et sincérité, ce dégueulasse avait aidé le journaliste inexpérimenté que j'étais. J'avais réussi plusieurs clichés de choc pour illustrer mon article. De ma part, cela aurait été malhonnête de renier notre relation amicale une fois que celle-ci ne me servait plus à rien.

J'ai raconté tout cela à Jade.
En fait, je ne lui ai pas appris grand-chose.
En 1984, je ne l'avais pas encore rencontrée, mais, après notre mariage, en 1986, elle avait lu tous mes articles pour mieux connaître l'homme qu'elle aimait et qu'elle avait épousé. Ce point est important : ma femme et Carlo ne se connaissaient pas. Jade n'avait rien à voir dans cette histoire. Elle avait grandi en Chine avant de venir vivre avec moi en France. Elle avait trente-huit ans, de longs cheveux noirs et soyeux et un beau visage frais et lisse d'adolescente. Et je la chérissais plus que tout au monde.

Jade et moi nous sommes donc remis en mémoire mon enquête sur le tourisme sexuel tout en parcourant la traduction du jugement. En bref, on y écrivait que mon reportage avait été publié en mars 1984 en Italie, dans le mensuel à gros tirage *Perché* – ce que je découvrais et qui ne me surprenait pas outre mesure. Des photos et des extraits de mes livres sur la Chine et l'Inde avaient déjà été reproduits sans mon autorisation dans des revues de Hong Kong, d'Amérique latine, et même de France. L'argent, le manque à gagner en droits d'auteur ne m'avaient jamais préoccupé. Je n'avais pas une mentalité de comptable, et puis, au risque de paraître prétentieux, j'étais flatté d'être piraté. Mon travail était apprécié et reconnu. Qui prendrait le risque de copier quelque chose de médiocre, sans intérêt ?

En revanche, telle qu'elle était résumée dans le jugement, la réaction de Carlo, suite à la parution de mon reportage en Italie, m'a surpris. Prétextant la diffamation et l'atteinte au droit à l'image, Carlo avait attaqué en justice le magazine Perché. Celui-ci avait déchargé sa responsabilité sur l'agence de presse française Koman qui lui avait vendu mes photos et mon article, et cette dernière s'était retournée contre moi. Après de multiples rebondissements et des changements d'avocats, au bout de dix longues années d'une procédure qui s'était déroulée dans mon dos, un collectif de trois juges italiens avait décidé de donner raison à Carlo, au magazine Perché et à l'agence Koman. Moi l'absent, Luc H., le « contumace », j'étais condamné à payer plus d'un million de francs.

J'avais tous les torts.

Carlo avait déclaré devant les juges qu'il avait « accepté par amitié de se laisser photographier par le journaliste français Luc H., alors que celui-ci enquêtait sur le tourisme sexuel aux Philippines ». Carlo disait vrai. Mais ce n'était qu'une part de la vérité, et cela semblait suffisant pour mieux faire gober ses mensonges, les rendre plus vrais que la sinistre réalité. Selon lui, ce consentement n'impliquait pas pour autant qu'il m'avait donné l'autorisation de publier ses photos. Par ailleurs, il prétendait que les gamines dénudées « en sa compagnie » sur les photos n'étaient ni des prostituées ni des mineures. Si elles semblaient impubères, cela tenait à la morphologie peu développée des femmes asiatiques qui paraissaient toujours plus jeunes que leur âge réel en comparaison des Européennes.

Carlo affirmait qu'il avait entretenu avec ces enfants des « relations amoureuses normales entre adultes consentants ». Selon les juges, il « incombait au journaliste de produire l'autorisation explicite de publier les photos de Carlo L. ainsi que la preuve de la véracité des informations contenues dans le reportage, à savoir le jeune âge et la qualité de prostituées des femmes photographiées en compagnie de Carlo L. ». Luc H. ne l'avait pas fait. Pour ces motifs, il était coupable et condamné.

J'ai trépigné de rage en lisant cela, et jeté par terre le jugement. Jade a cru que je m'emportais contre elle, car elle a reculé de quelques pas.

– Bon sang, Jade ! Dis-moi que je rêve !
– Ne crie pas. Je n'y suis pour rien.
– Comment aurais-je pu prouver quoi que ce soit ? Je n'étais même pas au courant de l'accusation…
– Calme-toi.

Jade a ramassé le jugement pour le feuilleter à son tour. Qu'espérait-elle découvrir ?

Sans avoir étudié le Code de procédure civile, j'étais persuadé que toute personne avait droit à un procès équitable. Je me rappelais avoir lu quelque chose là-dessus dans la Convention européenne des droits de l'homme. Étais-je naïf ou trop optimiste sur le fonctionnement de nos sociétés occidentales pour croire que le droit à la défense était inaliénable ? Un doute me gagnait et m'inquiétait. Sans jamais avoir été cité à comparaître devant un tribunal italien, je n'avais pas pu me défendre, évidemment. J'étais innocent, mais j'avais tout de même été jugé et condamné, par défaut, à payer plus d'un million de francs. Était-ce possible ? Y avait-il une explication qui m'échappait à cause de mon manque de connaissances juridiques ?

Même si j'avais comparu devant les juges, comment aurais-je pu me défendre ? Je n'avais fait signer aucune autorisation écrite à Carlo, sa parole me suffisait, nous étions amis. Ma méfiance aurait éveillé sa propre méfiance à mon égard. Le sage chinois Lao Zi n'avait-il pas enseigné : « Celui qui n'a pas confiance dans les autres n'obtient pas leur confiance » ?

Dans le feu de l'action, je n'avais pas non plus envisagé de photocopier les papiers d'identité des jeunes prostituées – en admettant qu'elles en aient eus – afin de démontrer ensuite qu'elles avaient bien onze ou douze ans. De quel droit aurais-je pu me livrer à un tel contrôle policier ? Les filles auraient pris peur, je n'aurais pas pu réaliser mon reportage, je me serais peut-être même fait casser la gueule par les maquereaux.

Un journaliste n'est pas un flic. « Notre métier n'est pas de faire plaisir, non plus de faire tort, il est de porter la plume dans la plaie », disait Albert Londres. Je désirais dénoncer les crimes commis par les touristes sexuels sur les enfants du tiers-monde. J'avais de la chance : les prostituées et Carlo étaient consentants pour se laisser interviewer et photographier. Pour moi, il n'y avait pas à chercher plus loin. Je débutais dans le journalisme. Je planais sur un petit nuage à l'idée de réussir un reportage-choc.

Carlo m'avait raconté qu'il n'aimait que les filles impubères. Comment en douter ? Ces gamines à la poitrine de garçon et au sexe imberbe ne pouvaient pas avoir plus de douze ans. Je ne leur avais pas non plus demandé de signer des reçus indiquant le montant des passes que Carlo avait payées, reçus qu'elles auraient dû ensuite me remettre, bien sûr, afin que, des années plus tard, je pusse prouver devant un tribunal qu'elles se prostituaient.

Jade m'a regardé dans les yeux :
— Comment l'agence Koman a-t-elle pu vendre ton reportage en Italie ?
— Je ne sais pas. Je n'ai rien demandé à Koman. J'ai rencontré une fois, en tout et pour tout, un vendeur de cette agence après la parution de mon papier en France. Il m'a téléphoné en disant qu'il aimait mon travail et il m'a proposé de lui laisser des duplicatas de mes photos de pédophiles. Il voulait les garder dans ses archives au cas où des journaux chercheraient des illustrations sur la prostitution enfantine. Je lui ai donc apporté mes diapos et je n'ai plus jamais entendu parler de Koman, jusqu'à aujourd'hui.
— Comment s'appelait ce vendeur ?
— Je n'en sais rien. Je ne me rappelle même pas son visage… Je n'ai jamais imaginé qu'il irait vendre mon reportage en Italie.
— Sans le vouloir, tu as peut-être détruit la réputation de ce Carlo. Imagines-tu comment ses parents ou ses voisins ont réagi en lisant ton article ?
— Essaies-tu de l'excuser ? Aux Philippines, il était fier de se payer des gamines. Il disait qu'il faisait leur éducation. Il voulait que j'écrive ça dans mon papier et que je le photographie. Je l'ai fait. Je n'ai rien à me reprocher. Mais lui, il a renié sa parole.
— J'essaie de comprendre. Pour se disculper auprès de son entourage, Carlo n'a sans doute pas eu d'autre choix que d'intenter un procès en diffamation.
— Si préserver son honneur était le but recherché,

Carlo aurait mieux fait de se tenir tranquille. Personne ne pouvait le reconnaître. Sur chaque diapo, j'avais pris la précaution de noircir ses yeux au marqueur, et je disais dans mon article qu'il s'appelait Hans et qu'il était allemand. Personne ne connaissait sa véritable identité. Pas même l'agence Koman.
— Est-ce qu'elle t'a versé quelque chose ?
— Non, je ne crois pas. C'est si loin tout ça. Et qu'est-ce que cela changerait ? Ce n'est pas la misère que Koman me doit en droits d'auteur qui compensera ma condamnation à rembourser un million de francs à son assureur. J'ai été jugé. L'affaire est classée. Tu as bien lu le jugement ?

Jade a hoché la tête. Elle m'a tendu la liasse de paperasse envoyée par maître Pignon.

J'ai réétudié sa lettre en effectuant un calcul mental. J'étais condamné à payer plus d'un million de francs : l'indemnité de Carlo représentait à peine trente pour cent de ce montant, tout le reste – les deux cent trente-quatre millions de lires de frais de justice, soit quatre-vingts briques – revenait aux avocats des différentes parties en cause dans le procès. Les avocats, ces bavards, s'étaient goinfrés au cours des dix années de procédure. Ils étaient les vrais gagnants de ce procès, une belle affaire pour leurs cabinets juridiques. Ils me ruinaient sans vergogne, me dépouillaient comme des charognards, assoiffés du sang et de la sueur d'une vie de travail. Je l'ai dit à Jade. Et j'ai conclu par un dicton que serinait mon grand-père à propos des curés, des juges et des avocats :
— Tous les hommes de robe, c'est juste bon à pendre !

Soudain, j'ai remarqué un détail étrange dans la lettre de Pignon. En la lisant une première fois, je n'avais pas prêté attention au fait qu'elle avait été écrite le 18 juin 2003 alors que le jugement italien avait été rendu en 1994… Pourquoi Pignon avait-il attendu neuf ans pour réclamer son dû ? Était-ce un oubli ? Difficile à croire quand il s'agissait de récupérer plus d'un million de francs. Alors ?

J'ai compris. Cela m'est venu d'un coup, comme un éclair d'intelligence. À ma connaissance, un jugement était d'ordinaire soumis au droit d'interjeter appel avant d'être exécutoire. Un condamné disposait d'un délai pour exercer ce droit, un mois, peut-être deux, ça je l'ignorais, mais je supposais qu'il en était de même en Italie… Neuf ans après, existait-il encore une quelconque chance d'appel ou de révision du procès ? Certainement pas.

J'étais piégé. De A jusqu'à Z.

Dans sa magnanimité, Pignon m'octroyait un délai de huit jours pour régler ma dette. Ce bon Pignon ! Il se réveillait au bout de neuf ans, tartinait une bafouille, la postait, et, clic-clac, attendait que je lui paie cent briques demain, voire après-demain… Dans quel monde vivait ce Pignon ? Pour conclure, il écrivait :

Conformément à mes règles déontologiques, je vous remercie de me transmettre les coordonnées de votre avocat…

En tant que membre du Conseil de l'ordre et du Conseil national des barreaux, Pignon devait représenter l'avocat modèle. Il se targuait d'avoir de la déontologie. Le travail d'un avocat consistait-il aussi à arnaquer les gens ? J'ai dit à ma femme que nous étions foutus.

— S'il faut payer, on paiera, a-t-elle répondu.
— Et comment ?

— Je ne te laisserai pas tomber. S'il le faut, nous vendrons l'appartement…

En disant cela, Jade s'est assise sur une chaise. J'ai eu l'impression qu'elle s'effondrait. Elle est restée immobile, les bras ballants et les jambes écartées. Quelques larmes ont perlé à ses yeux.

— Donne-moi une cigarette, a-t-elle soupiré en s'essuyant les joues d'un revers de doigt.

Jade avait arrêté de fumer cinq ou six mois plus tôt. Je réalisais qu'elle n'allait pas bien du tout, mais je ne trouvais aucun mot pour lui conseiller de ne pas rechuter. Je lui ai tendu une de mes cigarettes et mon briquet, je me suis assis en face d'elle, et, la tête entre les mains, moi aussi, j'ai pleuré.

Pour Carlo et l'agence Koman, la lettre de Pignon venait clore un procès débuté en 1984 ; pour Jade et moi, elle annonçait que nous allions devoir repartir à zéro. Elle marquait le départ d'une nouvelle existence. Nous avions un peu moins de dix mille euros d'économies, placées sur des livrets d'épargne, ce qui ne suffirait pas à éponger ma dette. Nous étions ruinés. Nous allions être expulsés de l'appartement dont nous finissions de rembourser le crédit. J'avais quarante-deux ans, j'avais vécu une demi-vie heureuse, du moins satisfaisante, et la nouvelle moitié d'existence qui m'attendait me terrifiait.

Nous avions deux filles : Anaïs et Kim, âgées de dix et six ans. Elles se trouvaient à l'école au moment où la lettre fatidique était arrivée. C'était mieux ainsi. Je n'avais pas du tout envie de pleurer devant elles.

En attendant leur retour, en fin d'après-midi, nous avons passé le temps à analyser et réanalyser la situation. Nous n'avons pas déjeuné. Nous manquions d'appétit. Fumant cigarette sur cigarette, nous nous sommes nourris de nicotine.

Cet après-midi du 20 juin 2003, le tabac nous a accompagnés comme un vieil ami sur lequel nous pouvions toujours compter. Tel un stimulant, il nous a éclairci les idées, nous a conseillés, nous a réconfortés. Nous avons fumé et fumé, contents de pouvoir encore nous offrir ce plaisir.

*

Mon procès se résumait donc ainsi : le criminel pédophile était récompensé par les juges et le journaliste était ruiné. J'enrageais. Bien sûr, je n'avais pas l'autorisation écrite de Carlo de publier sa photo, et, bien sûr, je regrettais de ne pas lui avoir fait signer de papier. J'étais coupable de lui avoir accordé ma confiance. Était-ce une faute ?

— Oui, oui, tu as eu tort ! a lâché Jade. Assume-toi. Tu te mens à toi-même en rejetant la faute sur Carlo… Arrête de te lamenter. Cela ne sert à rien. Il faut nous sortir de ce pétrin.

J'en ai voulu à Jade de me rudoyer. Elle ne comprenait pas ce que je ressentais. Elle semblait ne s'inquiéter que de perdre un million de francs… Peut-être était-elle plus pragmatique que moi. Peut-être avait-elle raison, même si je n'aimais pas l'idée d'être en train de fuir devant mes responsabilités de mari et de père. Quel sens cela avait-il de regretter telle ou telle chose ? Je ressassais une histoire passée, qui, justement, parce qu'elle appartenait à un temps révolu, parce qu'elle était terminée, ne nous mènerait nulle part. Je devais rebondir, réagir. L'action était toujours supérieure à l'inaction, si l'on y réfléchissait bien.

— Je ne vais pas me laisser plumer sans rien tenter, ai-je dit.

Jade m'a passé la main dans les cheveux, et elle a murmuré, en retrouvant le sourire :
— Je t'aime, mon chou. Que vas-tu faire ?
— Je ne sais pas.

Je ne parvenais pas à me convaincre de l'invraisemblance de notre situation. Une multitude de questions restaient sans réponse. N'étions-nous pas en plein cauchemar ? Allions-nous nous réveiller d'une minute à l'autre en ayant tout oublié ? Comment le savoir ? Et que faire en attendant ? Étions-nous les victimes d'une mauvaise farce ? Ou bien d'une escroquerie ? L'arrogance de ce Pignon m'intriguait... Il me laissait huit jours pour le payer et, en même temps, il réclamait les coordonnées de mon avocat. Cherchait-il à négocier ? Pourquoi ? Son dossier, était-ce du bluff ? Essayait-il, comme disent les Chinois, d'appliquer le stratagème qui consiste à battre l'herbe pour réveiller le serpent ? Pignon frappait-il à l'improviste pour jauger mes intentions ? J'ignorais comment contre-attaquer, mais nous ne devions pas lui concéder un début de victoire en paniquant.

— Pour l'instant, ne changeons rien à nos habitudes. Faisons comme si nous n'avions jamais reçu le courrier de Pignon.

C'était plus facile à dire qu'à faire.

Le samedi et le dimanche suivants, je me suis précipité à la bibliothèque du Centre Pompidou pour consulter des ouvrages de droit international. J'ai cru trouver la réponse à mes questions.

Pour devenir exécutoire en France, une décision judiciaire étrangère doit être accompagnée d'un document – l'exequatur – délivré par un juge français qui a vérifié la régularité de la condamnation. En ce qui concerne les jugements rendus dans la Communauté européenne, la Convention de Bruxelles, signée en 1968, interdit au juge français de réviser le procès sur le fond et de corriger les sentences. Afin de faciliter la libre circulation des jugements à travers l'Europe, à l'instar de celle des marchandises, des capitaux et des êtres humains, le contrôle simplifié et rapide du juge français ne porte que sur quelques points fondamentaux de droit. Dans mon cas, cette formalité était suffisante pour rayer d'un trait la dette d'un million de francs.

Pour un jugement rendu par défaut, comme le mien, le juge français se contente de vérifier que, d'une part, l'individu jugé par contumace a bien été cité à comparaître, ce qui lui aurait permis de se défendre s'il l'avait voulu, et que, d'autre part, le jugement a été signifié à ce condamné afin qu'il puisse éventuellement interjeter appel. Moi, je n'avais reçu ni citation à comparaître, ni signification du jugement. Maître Pignon n'obtiendrait donc jamais un exequatur. Le jugement italien n'aurait aucune valeur en France.

Pignon le savait sans doute. Il m'avait bien bluffé… afin de négocier en position de force.

À présent, moi aussi, je le savais.

Et j'avais décidé d'envoyer cet escroc de Pignon sur les roses s'il osait me relancer.

La nature humaine est paradoxale. Je me sentais soudain invincible et plein de force, au moment où je n'avais plus autant besoin d'énergie pour me défendre. Le vendredi, je m'étais laissé aller à l'agressivité et la déprime, et, le samedi, je m'étais précipité au Centre Pompidou pour montrer à Jade que je prenais la situation en main. J'étais devenu une marionnette remplie de vide, mais, ce dimanche soir 22 juin, je renaissais à la vie. Jade aussi.

Nous n'avions plus à nous inquiéter, et nous avons fêté notre résurrection en dînant au champagne. Nous avons beaucoup ri de Pignon et de Carlo.

Non, nous n'avions plus à nous inquiéter et, justement, dans la nuit du dimanche au lundi, j'ai repensé à mon procès avec détachement. Malgré tout, je me suis demandé si Pignon n'avait pas tenté de solliciter un exequatur. Qu'aurait-il risqué ? Le juge français aurait évidemment rejeté sa requête. Mais Pignon n'avait rien à perdre. Rien du tout.

J'ai décidé de me rendre dès le lendemain au Palais de justice, dans l'île de la Cité. Un service spécialisé du greffe examinait sans doute les dossiers de requête en exequatur. Je m'y renseignerais.

Le lundi matin, en prenant le petit déjeuner, j'ai donc annoncé à Jade mon projet. Elle m'a désapprouvé en disant que j'allais perdre mon temps :

— Pignon ne peut pas avoir d'exequatur. Voilà ce qui compte. Qu'importe qu'il ait essayé d'en obtenir un !

— Je suis curieux. J'aimerais bien savoir.

— Comme tu veux…

Jade était contrariée de constater que je continuais de réfléchir à mon procès, même si je cogitais sans éprouver d'angoisse.

Le greffe civil du Palais de justice comptait bien un service des exequatur : le bureau 407. J'ai frappé à la porte et pénétré dans une vaste pièce, mal éclairée, dont les murs étaient tapissés d'étagères garnies de centaines et centaines d'épais dossiers. Combien de tragédies, de vies brisées par la justice étaient racontées dans toute cette paperasse !

Trois femmes se tenaient debout derrière le comptoir de réception du public. Elles sirotaient un café. J'allais les déranger, je n'arrivais pas au bon moment pour obtenir un renseignement.

La plus âgée, sans doute la chef, m'a demandé ce que je désirais. Elle avait une dizaine d'années de plus que moi, et son embonpoint lui donnait l'air engageant de quelqu'un à qui je pouvais me confier. Je lui ai résumé mon affaire et, tout en finissant son café, elle m'a invité à la suivre dans son cabinet, au fond de la pièce.

L'antre de la greffière en chef était encombré de hautes piles de dossiers jaunes qui tenaient par miracle en équilibre sur le sol, m'obligeant à faire attention à l'endroit où je posais les pieds. La greffière s'est assise derrière son bureau, tout en s'excusant avec un sourire.

– Je ne peux même pas vous faire apporter une chaise. Il n'y a pas de place où la mettre…

Elle semblait très détendue. Moi, au contraire, je tremblotais et je transpirais. C'était absurde, car je n'avais rien à craindre. Ne réussissant pas à me contrôler, j'espérais juste que la greffière continuerait de se soucier du démarrage de son ordinateur, qu'elle ne remarquerait pas les gouttes de sueur qui perlaient sur mon front. Sans lever les yeux de l'écran informatique, elle m'a prié de lui redonner mon nom, puis a pianoté sur le clavier. Nous avons attendu pendant une longue minute la réponse de l'ordinateur. Je suais de plus en plus. Ma chemise trempée collait à mon dos.

– Nous y voilà, a fini par dire la greffière. En avril dernier, maître Pignon a déposé une requête en exequatur contre vous…

– Alors ?

Ma question l'a surprise. Elle m'a regardé en lâchant

sur un ton péremptoire qui exprimait une évidence pour elle :

– Le juge a accordé l'exequatur. C'est juste une formalité.

J'ai senti mes jambes flageoler. Une irrésistible envie de m'asseoir m'a gagné, mais, comme il n'y avait aucune chaise pour moi, je me suis appuyé d'une main sur le bureau. J'étais certain d'avoir bien entendu ce qu'avait dit la greffière. Je lui ai tout de même demandé :

– En êtes-vous sûre ?
– Oui.

Pignon avait donc demandé et obtenu un exequatur. Comment était-ce possible ? De plus, il n'avait pas joint ce document essentiel à la mise en demeure qu'il m'avait envoyée. Je n'y comprenais rien.

– Il y a une erreur.
– Cela m'étonnerait, a-t-elle répliqué avec un sourire plein d'assurance, comme si la justice était infaillible.

Cette attitude m'a blessé, déclenchant chez moi un réflexe de combativité. Je me suis entendu déclarer à la greffière que, si attentif qu'il fût dans l'examen des procédures, le magistrat français qui avait accordé cet exequatur s'était trompé.

– Car j'ai été jugé par défaut en Italie, et je n'ai reçu ni citation à comparaître, ni signification du jugement.
– Oh ! Oh ! Attendez-moi ici…

La greffière s'est levée et est sortie de la pièce. Elle est revenue au bout de quelques minutes en tenant un dossier jaune dans les mains. C'était une copie de la requête en exequatur de Pignon, un exemplaire de MON exequatur. Elle l'a feuilleté en se mordillant les lèvres.

– Vous avez raison, a-t-elle fini par admettre. Vous avez bien été jugé par défaut. Et maître Pignon n'a pas apporté la preuve que vous aviez reçu une citation à comparaître et une signification du jugement. Le juge n'y a pas prêté attention.

— Comment est-ce possible ?

— Vous savez, les juges sont surchargés de travail. Ils font confiance aux avocats. Lisez le post-scriptum de la requête. Maître Pignon écrit que la preuve de la signification figure en annexe du jugement. Le juge n'a pas vérifié.

Elle m'a tendu le dossier. Pignon prétendait bien que la preuve de la signification était jointe à sa requête, mais il n'en était rien évidemment, puisque cette signification n'existait pas. Et puis, Pignon taisait que j'avais été jugé par défaut, ce qui, selon la Convention de Bruxelles, l'aurait contraint de produire ma citation à comparaître.

— Comment peut-on être si déloyal ? ai-je demandé.

— Les avocats sont comme ça. Ils sont plus de dix mille à exercer à Paris. Il n'y a pas assez de travail pour tous. Si un client leur demande de faire ceci ou cela, ils le font.

— N'ont-ils pas peur des juges ?

— Sans doute…

— Mon exequatur n'est donc pas valable, n'est-ce pas ?

— Si, il le reste.

J'ai senti battre mon sang dans mes tempes. De nouveau, mes jambes ont flageolé et mes mains ont tremblé comme des feuilles. Cette fois, peu m'importait de paraître faible devant la greffière. La sensation d'être mis à mort pieds et poings liés obscurcissait ma conscience. Je n'arrivais pas à prononcer le moindre mot. J'ai entendu la greffière me demander :

— Voulez-vous un verre d'eau ?

J'ai fait non d'un hochement de tête. Je me suis dit que je n'arriverais jamais à me sortir de cette histoire.

J'ai pensé à Jade et à mes deux filles. J'ai eu envie de parler d'elles, je voulais que la greffière sache dans quelle détresse la justice nous plongeait.

– J'ai une femme et deux enfants. Pour payer ma dette, je vais être obligé de vendre notre appartement. Où allons-nous vivre ?

La greffière m'a dévisagé en fronçant les sourcils, comme si elle réfléchissait à quelque chose qui lui déplaisait et qu'elle était néanmoins contrainte de prendre en considération.

– Il y a peut-être une solution, a-t-elle dit. D'un point de vue juridique, la décision accordant l'exequatur est une ordonnance. Un juge a le pouvoir de rétracter son ordonnance. Je vais essayer de le rencontrer cet après-midi entre deux audiences, et je vous tiendrai au courant. Laissez-moi votre numéro de téléphone.

– Ai-je une chance qu'il corrige son erreur ?
– Oui... Ne vous inquiétez pas.

Je suis rentré à la maison et j'ai annoncé la mauvaise-bonne nouvelle à Jade. Je n'imaginais pas qu'un magistrat français se dérobât à ses responsabilités. Jade non plus. Elle avait grandi dans la Chine de Mao, un pays totalitaire, sans droit, ni lois ; elle aimait vivre en France, dans une démocratie régie par un système légal cohérent.

– J'ai confiance, a-t-elle dit d'une voix claire qui exprimait la sérénité et me rassurait, ne laissant rien présager du grand malheur qui allait arriver. En France, les lois sont bonnes car elles suivent la logique. Tout est prévu. Je suis sûre que tu peux contester l'exequatur. En Chine, tu n'aurais qu'à te taire. Là-bas, faire appel d'un jugement serait prendre le risque d'attiser la colère des juges. Tu pourrais aggraver ta condamnation. On pourrait t'accuser de ne pas croire en la justice du peuple et d'être un contre-révolutionnaire.

Moi aussi, j'avais confiance dans la justice française. Mais cette conviction procédait plus d'une intuition ou d'un vœu que d'une réflexion sur les formalités juridiques à respecter et les multiples voies de recours, toutes garantes d'une *justice juste*.

Sans inquiétude, nous avons donc attendu le coup de téléphone de la greffière.

Elle a appelé après dix-huit heures et, en décrochant le combiné, je n'ai pas aimé le timbre hésitant de sa voix.

– Monsieur H. ?… Je suis désolée… je n'ai pas réussi à voir le juge plus tôt.
– Alors ?
– Il ne peut pas se rétracter.

J'espérais entendre le dénouement heureux de cette histoire, de ce procès qui, depuis trois jours, nous minait l'existence de rebondissement en rebondissement. Je pensais même entendre des excuses. Mais Carlo et Pignon allaient continuer de faire partie de notre vie pour un bout de temps.

– En matière d'exequatur, a-t-elle poursuivi d'une voix posée, l'article 37 de la Convention de Bruxelles prévoit que vous devez former votre recours devant la cour d'appel. Ne vous inquiétez pas. Pour le moment, vous n'avez pas à payer la condamnation. Vous n'avez pas besoin de vendre votre appartement. Le juge a dit qu'il ne pouvait être pris à votre encontre qu'une mesure conservatoire, jusqu'à ce que la cour d'appel ait statué.

Plus la greffière m'expliquait la situation, plus elle m'embrouillait, et plus je me sentais perdu, ruiné. J'ai voulu lui demander en quoi consistait une « mesure conservatoire », mais ma langue était aussi raide qu'un morceau de bois. J'ai ravalé plusieurs fois ma salive avant de pouvoir ouvrir la bouche.

— Une mesure conservatoire, a répondu la greffière, ne change rien sur le fond. Cela signifie que maître Pignon peut faire bloquer votre compte en banque ou inscrire une hypothèque sur votre appartement. Mais vous restez propriétaire de votre bien. Simplement, vous ne pouvez plus en disposer jusqu'à l'issue de la procédure.

C'était pire que ce que j'imaginais. Du jour au lendemain, Pignon pouvait tout me confisquer sans même me prévenir.

— Le juge reconnaît qu'il s'est trompé, a poursuivi la greffière. Il vous envoie une lettre que vous produirez en appel si besoin est, et il a téléphoné à maître Pignon pour lui demander de vous ménager. Ne vous inquiétez pas. Voici ce que vous écrit le juge :

Il semble qu'une erreur a été commise. Il m'a échappé à l'examen du dossier que vous étiez défendeur défaillant et que la requête en exequatur n'était pas assortie de la preuve de votre citation devant la juridiction italienne, ni de celle de la signification du jugement.

Ma décision d'exequatur n'est donc pas conforme aux exigences de la Convention de Bruxelles. J'en ai avisé l'avocat qui a obtenu cette décision afin qu'il examine avec son client, l'assureur Mondinvest, l'opportunité de la faire exécuter contre vous...

La greffière parlait d'un ton neutre. Je ne savais pas si elle pensait m'annoncer une bonne ou une mauvaise nouvelle, ou si elle était trop habituée à la désinvolture des juges pour éprouver une émotion. Peut-être espérait-elle des remerciements pour la peine qu'elle s'était donnée ?

— Je suis fichu.

— Mais non. Avec la lettre du juge, vous pourrez faire annuler l'exequatur si jamais maître Pignon décide de le faire exécuter contre vous.

— Quelle valeur a cette lettre ?

— Ce n'est pas tous les jours qu'un juge reconnaît s'être trompé. La cour d'appel accordera la plus grande attention à cette lettre, d'autant plus qu'elle émane du président du tribunal de grande instance de Paris.

Ce n'était donc pas un novice, mais l'un des plus hauts magistrats de France qui s'était laissé leurrer par Pignon. Pour moi, tout président de tribunal qu'il était, ce juge qui avait accordé mon ordonnance d'exequatur et refusait de la rétracter, n'était qu'un incapable doublé d'un lâche. Je refusais de porter la moindre considération à sa lettre, mais je ne pouvais pas le dire à la greffière.

— Que vais-je faire ? Je suis à bout. Tout le monde s'acharne contre moi. Ils veulent ma mort. C'est peut-être ce que j'ai de mieux à faire : me tirer une balle dans la tête… J'ai envie d'en finir…

Ces phrases sont sorties toutes seules de ma bouche, sans être calculées. Elles m'ont fait peur. Je n'avais jamais pensé à me suicider.

— Courage, courage, a murmuré la greffière. Vous avez deux enfants et une femme. Pensez à elles. Courage !

J'ignorais comment rebondir, comment conjurer cet exequatur que Pignon conservait en secret, comment oublier cette trahison de Carlo qui remettait en cause mon honneur de journaliste, comment avouer à Jade qu'il n'y avait qu'une seule chose qui transparaissait clairement : nous étions foutus, repassés, laminés, éliminés… L'heure de la reddition sans condition avait sonné. S'agissait-il de me sacrifier, à l'image des samouraïs déshonorés qui se faisaient *hara-kiri* ?

Justement, à propos du Japon, après Hiroshima, l'empereur avait capitulé en disant à son peuple : « Il faut accepter l'inacceptable et supporter l'insupportable. » J'aimais cette phrase historique, j'aimais son jeu de mots et, maintenant, elle resurgissait de ma mémoire. Soudain, je comprenais sa portée en songeant à la reconstruction du Japon. Cette phrase ne signifiait pas que je devais baisser les bras, ou laisser sécher de lui-même le crachat dont on avait sali mon visage. Le premier de mes devoirs était de *sur*-vivre, de sortir mes filles et ma femme du pétrin où je les avais mises. Me suicider aurait signifié me soustraire à mes responsabilités en refusant d'accepter l'inacceptable.

La greffière avait raison. En me disant « courage », elle me faisait entrevoir mon devoir d'homme.

– Merci, lui ai-je dit à la fin de notre conversation téléphonique.

J'étais sincère.

*

Malgré mes belles résolutions, j'ai sombré dans un état de pesanteur. Jade aussi.

Nous ne savions que faire et nous ne faisions rien. Nous vivions sans chercher à exister. Il n'y avait plus de couleurs dans nos journées, nous voyions tout en gris. Tout était devenu indifférent. Tout nous fatiguait. Nous dormions peu, nous oubliions de manger et nous ne faisions plus l'amour, ce qui ne m'inquiétait même pas.

Tels une sœur et un frère, nous querellant sans retenue, nous avons partagé nos angoisses et notre apathie. Nous n'avions jamais été aussi proches. Dix-sept ans de mariage avaient émoussé notre passion, mais le procès ressoudait notre couple, même si je doutais que

Jade et moi puissions revivre comme avant, une fois la tempête passée. Peut-être me quitterait-elle ?

J'ai commencé à penser à mes deux filles et à Jade, la Chinoise qui m'avait aimé, au passé. J'avais été si heureux, béatement heureux avec elles. Notre maison ressemblait à une scène de théâtre. Mes trois actrices y jouaient leur spectacle du matin au soir. Elle excellaient dans leurs rôles de mère et de filles. Il y avait des cris, des baisers, des pleurs, des rires, des jeux, des caresses, des chamailleries… mais jamais de gifles, de rancœur ou de silence. Personne ne s'ennuyait chez nous.

En 2001, j'avais publié mon dernier livre, un reportage sur la Corée du Nord. Depuis, je n'écrivais rien. Les droits d'auteur sur mes livres me rapportaient plus ou moins l'équivalent du SMIC. Je ne me plaignais pas. Au contraire ! Ayant cette chance de me contenter de peu, je m'estimais assez riche. Je me laissais doucettement vivre dans le théâtre de mon foyer, ce qui n'était pas de la paresse. J'avais atteint, je crois, une sorte de sérénité.

Pendant deux ans, conduire mes enfants à l'école, aller au cinéma, bouquiner, faire l'amour avec Jade à l'heure de la sieste, bricoler dans notre appartement m'avaient tenu lieu de travail. Je jouissais de chaque instant. C'était dans mon esprit la plus noble des occupations. Mais pas dans celui de Jade. Elle me reprochait de ne pas travailler « pour de vrai ».

Pourquoi travailler ? Pour écrire des livres plus ou moins réussis, alors qu'il existait déjà tant de chefs-d'œuvre et qu'il était impossible de tous les lire. Repoussant cet argument – assez fallacieux je l'admets –, Jade me suggérait à l'époque de chercher à me faire engager dans un journal. Mais je refusais de tomber dans ce piège, de vendre ma liberté contre un bulletin de paie.

Pour me provoquer, Jade me traitait de fainéant doublé d'un imbécile, car je gaspillais mon prétendu talent en ne l'utilisant pas.

Comme elle se méprenait ! La facilité aurait consisté à devenir le salarié d'un journal. Pour rester libre, comme je l'étais, il fallait de l'intelligence et du courage. Grâce à ce talent que Jade m'attribuait, je pouvais, à tout moment, quand le besoin m'y astreindrait, retravailler le temps qu'il faudrait, pas plus. Je supposais qu'un jour je republierais un livre, mais je ne me doutais pas que ce serait le récit que vous êtes en train de lire, que je l'écrirais en souvenir de Jade, pour honorer sa mort, et non pour toucher des droits d'auteur.

À l'époque, durant ces années 2001-2002 et jusqu'à la réception de la mise en demeure de Pignon en juin 2003, j'en voulais un peu à Jade de me mépriser pour ce qu'elle considérait comme de l'oisiveté ou un ratage. Mais nous ne nous disputions pas longtemps, car elle finissait toujours par me laisser libre de mener nos vies à mon gré. J'avais le dernier mot.

Quand nous avons découvert que Pignon disposait d'un exequatur, Jade, cette amante soumise qui me portait aux nues, est devenue une sœur rebelle qui ne s'en laissait plus compter. Comme moi, elle était trop apathique pour éclater de colère, mais elle me rabrouait d'un revers de la main pour la moindre broutille. Elle se moquait de moi avec méchanceté. Je ne lui en voulais plus, car j'étais le seul responsable de notre malheur.

– Tu te satisfais d'avoir écrit quelques bouquins, maugréait-elle, et maintenant tu ne veux plus rien faire. Tu dis que tu gâcherais ta précieuse existence en travaillant, pff… À quarante-deux ans, tu vis dans ton passé, comme un vieux. Tu me déçois. Tu es intelligent mais tu es un raté… Dire que je t'ai donné dix-sept années de ma vie. J'ai abandonné mes études à la fac pour t'épouser, j'ai renoncé à travailler, j'ai quitté la Chine et ma famille pour te suivre aux quatre coins du monde…

— Je ne t'y ai jamais forcée.

— D'accord. Cela me plaisait, parce que je croyais en toi. Mais ouvre les yeux. Tes années de succès seront derrière toi si tu ne changes pas.

— Tu en as assez de moi, n'est-ce pas ?

— Non, je suis fatiguée de mener cette vie. Maintenant, je voudrais vivre la mienne.

Jade avait raison. C'était vrai, elle m'avait offert dix-sept années de son existence. Dix-sept années, c'était long, c'était un beau cadeau. En France, elle n'aimait pas sortir, elle ne cherchait pas à se lier avec les gens, elle ne rencontrait personne en dehors de ma famille et de mes amis. C'était son choix, ce qui ne changeait rien au fait que nous fréquentions mes amis et non les siens, comme elle le répétait. Les siens, elle les avait perdus de vue en me suivant en France. Et elle commençait à me le reprocher.

J'avais toujours cru en ma bonne étoile, j'avais remercié la Providence d'être né dans une société riche et démocratique. J'avais imaginé que j'étais invincible, qu'il n'existait aucun problème que je ne pusse résoudre. Je tombais de haut. Je restais sans défense.

Mais cela m'importait peu en fin de compte. Une seule chose me faisait souffrir : nous devenions négligents et agressifs avec nos filles. Elles nous exaspéraient avec leurs petits problèmes d'écolières gâtées. Nous leur criions dessus sans raison, Jade ne leur préparait à manger que des conserves et des pâtes, et, un matin, moi qui n'avais jamais levé la main sur un enfant, j'ai commis l'impensable : j'ai giflé Kim parce qu'elle refusait de ranger sa chambre. Je l'ai blessée à la lèvre inférieure et j'ai aussitôt regretté mon geste. J'étais inexcusable. Non seulement nos filles n'étaient pas responsables de mes problèmes judiciaires, mais en plus elles étaient trop jeunes pour réaliser la gravité de la situation. Pourquoi les maltraiter ? Comment leur reprocher leur manque de compréhension ? Notre foyer n'était plus un théâtre, nous y imposions une discipline de maison de correction. Nous avons donc décidé de confier nos enfants à mes parents. Ils habitaient près de chez nous, à trois stations de métro.

Carlo et Pignon remportaient leur première victoire : Jade et moi, nous nous détruisions nous-mêmes. Quelle absurdité !

Vers la mi-juillet, nous avons compris que nous étions malades. Nous avons consulté notre médecin de famille. Nous lui avons exposé notre désespoir, comment l'exequatur nous anéantissait. Il nous a écoutés, incrédule qu'une telle aberration judiciaire fût possible en France.

– Vous êtes en danger. Vous faites tous les deux ce qu'on appelle une dépression, a conclu le docteur Drouot. Vous avez besoin de béquilles pour surmonter vos problèmes. Je vais vous prescrire du Prozac. Et pour calmer vos crises d'angoisse, vous prendrez du Xanax. Vous devriez aller mieux avec ça.

Il a également insisté pour me signer un arrêt de travail de quinze jours. Pour la première fois de ma vie, j'étais mis en congé de maladie. C'était grotesque. Je bénéficiais d'un arrêt de travail, alors que je ne travaillais pas – ce que j'avais caché au médecin, parce que j'en avais un peu honte depuis que Jade me traitait de raté. Il n'empêche que j'avais droit à des indemnités de maladie, puisque je cotisais à la Sécurité sociale sur les droits d'auteur que continuait de me verser mon éditeur. Je restais un écrivain, malgré moi.

Je n'ai eu aucun scrupule à envoyer mon arrêt de travail à la caisse d'assurance maladie. La justice française, l'État, m'avait rendu malade ; la Sécu me paierait non seulement des soins mais aussi des indemnités.

Jade n'a pas protesté.

*

Les médicaments nous ont un peu remonté le moral, et nous avons décidé d'affronter Pignon, à armes égales, en engageant un avocat. Nous étions incapables de défendre nous-mêmes nos intérêts. La justice ressemblait à un mur contre lequel nous nous cognions. Pour l'escalader, il nous fallait un guide.

Nous avions entendu parler du comportement de certains avocats : ils se conduisaient comme une martre dans un poulailler. Quand ils ouvraient un dossier en touchant un premier chèque, il était déjà trop tard pour leur échapper, ils avaient pris goût au sang du portefeuille de leurs clients. Par toutes sortes de promesses et de ruses, ils tentaient de faire traîner le litige jusqu'à l'épuisement des actes de négociation et de procédure, exigeant toujours et toujours plus de provision sur honoraires. Mais nous n'avions pas d'autre choix que de nous résigner à payer un avocat. Comme le résumaient les Chinois dans un distique célèbre :

La porte du tribunal est grande ouverte ;
N'approche pas si tu as raison, mais pas d'argent.

J'ai téléphoné au consulat d'Italie à Paris où un attaché du service juridique m'a communiqué les coordonnées d'une spécialiste française du droit italien, maître Virginie Dufresne. Je n'aurais pu trouver meilleur défenseur. En la rencontrant trois jours plus tard, après lui avoir envoyé des photocopies du courrier de Pignon et de la lettre du juge qui avait accordé l'exequatur, j'ai tout de suite senti qu'elle ne cherchait pas à me duper.

Son cabinet était situé près de la gare de Lyon, dans un petit immeuble moderne sans cachet. Son bureau n'était pas envahi de paperasse, ce qui signifiait soit qu'elle avait peu de clients, soit qu'elle rangeait ses dossiers. Je découvrirais que la seconde hypothèse était la bonne.

Maître Dufresne était une grande brune d'une trentaine d'années. Elle portait un tailleur de soie rouge, assez court, qui épousait la forme de ses petits seins et de ses hanches. En s'asseyant, elle a croisé ses longues jambes nues, et j'ai vu le haut de ses cuisses. Un instant, j'ai pensé qu'elle essayait de me provoquer ou de m'intimider. Mais non. Maître Dufresne s'est empressée de faire disparaître ses jambes sous son bureau et je n'ai rien vu de plus. Elle était habillée légèrement parce qu'il faisait chaud cet été-là.

– Monsieur H., votre affaire est inouïe, a-t-elle commencé par dire d'une étonnante voix de contralto, profonde et mélodieuse, qui devait porter loin dans un prétoire.

Je m'attendais à ce qu'elle déclarât plutôt : « Votre affaire m'intéresse… » La greffière du service des exequatur ne m'avait-elle pas expliqué que les avocats ne pensaient qu'à racoler de nouveaux clients, que tous les dossiers étaient bons à plaider pour gagner de l'argent ? Elle se trompait. Lors de ce premier rendez-vous, maître Dufresne a refusé le chèque que je m'apprêtais à signer.

Beaucoup de choses m'avaient échappé dans mon dossier. Ma situation n'était pas si désespérée. Maître Dufresne l'a analysée à partir de trois éléments, faisant souvent les questions et les réponses.

— Tout d'abord, a-t-elle exposé, vous n'avez pas cédé à l'agence Koman le droit de diffuser votre reportage, n'est-ce pas ? Afin de protéger les artistes-auteurs, le Code de la propriété intellectuelle est explicite : toute cession de droits d'auteur doit faire l'objet d'un contrat écrit qui précise la nature, le lieu et la durée des droits transmis. Si Koman vous avait demandé l'autorisation de faire publier votre reportage en Italie, auriez-vous été assez fou pour la donner en prenant le risque que ce sinistre pédophile de Carlo L. se réveille et vous attaque en diffamation, comme il l'a d'ailleurs fait ? Certainement pas. En vendant vos photos et votre article sans aucun accord écrit, Koman a commis un délit de contrefaçon dont nous pouvons obtenir réparation au pénal comme au civil. Il y a là matière à une belle action en dommages et intérêts. Ceux-ci comprendraient évidemment le montant de votre condamnation italienne auquel s'ajouterait le dédommagement de votre préjudice moral et patrimonial en tant qu'auteur victime d'une contrefaçon. L'agence Koman pourrait être également condamnée à une amende pénale et à une interdiction d'exercer.

L'expression « belle action » m'a choqué. Maître Dufresne semblait presque se réjouir de ma situation… De coupable, je devenais une victime. À entendre maître Dufresne, je pouvais m'enrichir avec toute cette histoire. Mais je n'y croyais pas trop. Je ne saisissais pas la portée des mots : délit et contrefaçon… Je restais muet.

— Maître Pignon, a poursuivi mon avocate, pourra essayer de se défendre en plaidant la prescription de la contrefaçon, puisque celle-ci a été commise il y a plus de trois ans, en 1984. À mon avis, il perdra. Attendu la nature occultée du délit, je veux parler de la vente de vos photos en Italie, le délai de prescription ne court qu'à compter du jour où vous avez pris connaissance de cette infraction et avez donc été en mesure de pouvoir agir en justice, c'est-à-dire à la réception de la mise en demeure.

Soit cette argumentation était juste, mais trop technique pour me permettre d'en apprécier le fondement légal, soit maître Dufresne essayait de m'embrouiller et de m'entraîner dans un nouveau procès, tout comme un représentant de commerce qui voudrait persuader un cul-de-jatte de s'acheter des chaussures. A priori, je faisais confiance à cette jeune avocate, comme on se fie à son médecin.

— Deuxièmement, a-t-elle poursuivi, le jugement italien a été rendu par défaut contre vous, il y a neuf ans, et il ne vous a jamais été signifié. Il n'a donc aucune valeur. De plus, vous pourriez encore vous pourvoir en Italie contre ce jugement par la voie de l'appel ou de l'opposition. Mais cette solution, comme celle de porter plainte contre Koman pour contrefaçon, est prématurée. Il y a plus urgent. Nous devons obtenir l'annulation de l'exequatur.

— Maître Pignon ne me l'a pas envoyé…

— C'est bien le problème. L'exequatur a été accordé, et, en même temps, il n'existe pas juridiquement. Il ne revêt aucun caractère exécutoire puisqu'il ne vous a pas encore été notifié par un huissier. Maître Pignon nous tient ainsi. Nous ne pouvons pas faire annuler un exequatur qui existe sans vraiment exister. La lettre du juge ne sert à rien tant que nous ne pouvons pas la produire en appel.

— Alors ?

— Une décision de justice est valable pendant trente ans. Maître Pignon a jusqu'en 2033 pour utiliser l'ordonnance d'exequatur d'une manière ou d'une autre. Une véritable épée de Damoclès est suspendue au-dessus de votre tête.

Je détestais cette expression « épée de Damoclès » et ne l'employais pas dans mes livres. C'était un cliché dont abusaient les journalistes en y accolant le plus souvent l'adjectif véritable, tout comme maître Dufresne. Savait-elle qui était Damoclès et ce que signifiait précisément cette métaphore antique ? Moi, je l'ignorais. Mon avocate m'expliquait ma situation grâce à une image éculée que je ne comprenais pas, et celle-ci focalisait mon attention. En d'autres circonstances, je n'y aurais porté aucun intérêt, considérant que les clichés étaient juste bons à éviter et donc à oublier, mais je ne voulais rien perdre de l'analyse de maître Dufresne. Quel rapport existait-il donc entre Damoclès, son épée et moi-même. Quel avait été le sort de ce fameux Damoclès ? Je passerais pour un ignare en demandant la réponse à maître Dufresne…

Plus je m'interrogeais, plus je haïssais l'expression « épée de Damoclès », et plus j'oubliais le problème de la prescription trentenaire. Il était difficile de se projeter si loin dans l'avenir. Serais-je encore en vie en 2033 ? Pignon serait-il toujours à mes trousses ?

Il fallait être un homme de loi pour supputer les avantages qu'il y avait à faire durer une procédure ; il me faudrait du temps pour réaliser comment l'attente de la mise à exécution de ma condamnation suffisait à nous anéantir, Jade et moi.

— Demain, a repris l'avocate, je dois aller au Palais pour une autre affaire. J'en profiterai pour rendre visite au juge qui a accordé votre exequatur. Je lui demanderai de rétracter son ordonnance.

— Il a déjà refusé.

— Il peut changer d'avis… Je vous téléphonerai demain soir.

*

Comme convenu, maître Dufresne m'a appelé le lendemain vers dix-neuf heures. Elle avait rencontré mon juge, et celui-ci avait maintenu son refus : la Convention de Bruxelles ne lui permettait pas de rétracter une ordonnance d'exequatur ; les textes européens primaient sur les lois françaises. Il le déplorait, et ses regrets me faisaient une belle jambe, comme on dit familièrement.

– J'ai réussi à lui parler entre deux audiences, a poursuivi maître Dufresne. J'ai eu de la chance, car il part en vacances la semaine prochaine, jusqu'à la mi-août. Au moins, nous savons à quoi nous en tenir.

Maître Dufresne relativisait son échec, comme pour en cacher les conséquences. Je voulais savoir ce que le juge lui avait dit en tête à tête. C'était important pour moi. Je le lui ai demandé.

– Le juge était mal à l'aise, a-t-elle répondu. Il ne m'a pas regardée un instant dans les yeux. Il parlait en faisant semblant de ranger des dossiers sur son bureau. Il m'a glissé : « Maître Pignon représente tout de même Mondinvest. C'est la plus grosse société d'assurances en France, ce sont des gens sérieux qui montent leurs dossiers, je n'avais aucune raison de me méfier… Que voulez-vous que je vous dise ? Personne n'est infaillible ! » J'ai compris qu'il avait été impressionné, pour ne pas dire aveuglé, par la renommée de Mondinvest.

– S'est-il excusé, au moins ?

– Non, bien sûr que non. Mais il a tout de même reconnu son erreur par écrit. Qu'espérez-vous de plus ? Il m'a répété que vous pouviez produire sa lettre devant la cour d'appel. Pour ce qui le concerne, votre affaire est close.

– Et qui paiera cette procédure en appel ? Lui ou moi ?

Maître Dufresne a éclaté de rire à l'autre bout de la ligne téléphonique. Bien sûr, je connaissais d'avance la réponse à ma question, mais je n'avais pas pour autant lancé une boutade. J'avais laissé exploser ma colère. Le juge se foutait de moi. Sa légèreté m'écœurait. Je refusais de n'être qu'un dossier. Était-ce possible ?

– Oublions les juges, a repris maître Dufresne. Nous allons changer de stratégie. Je vais proposer une transaction entre avocats à maître Pignon. Il laisse tomber le jugement italien et l'exequatur, qui sont l'un et l'autre, de toute façon, irréguliers et susceptibles d'appel. En échange de quoi, vous ne portez pas plainte contre l'agence Koman pour son délit de contrefaçon. Ne vous inquiétez pas. Je vous tiens au courant dès que j'ai du nouveau.

Maître Dufresne a raccroché, me laissant dans un état de rage intérieure. Je ne reprochais rien à mon avocate, j'avais toujours confiance en elle, mais je bouillais d'impuissance en constatant que mon affaire se compliquait de jour en jour. Je n'en voulais même plus à Carlo de m'avoir traîné en justice.

J'étais seul à la maison. Jade était allée chez mes parents pour embrasser nos filles. Que lui dirais-je à son retour ?

J'ai essayé de me résumer la situation.

Mon juge partait en vacances – il les avait bien méritées ! – et il me laissait sur les bras le souci et les frais d'une procédure en appel dont il était le seul responsable. Pensait-il au mois d'août exécrable que ma famille vivrait par sa faute tandis qu'il se prélasserait sur les plages ? Un honnête homme aurait eu à cœur de réparer le mal qu'il nous avait fait avant de penser à lui. Fallait-il être honnête pour devenir juge ? Un juge ne devait-il pas se montrer exemplaire ?

Mon juge prétendait qu'il ne pouvait pas se rétracter. J'en doutais. Il confondait incapacité et impossibilité. En accordant par erreur l'exequatur à Pignon, il avait su enfreindre la Convention de Bruxelles ; il pouvait de nouveau transgresser les textes européens en annulant son ordonnance, comme la loi française l'y autorisait. Cela ne me semblait pas impossible, et cela nous sauverait, Jade et moi, car il appartiendrait alors à Pignon de contester cette rétractation abusive – ce dont je doutais de sa part puisqu'elle détruisait une décision erronée. Mais mon juge était incapable de se rétracter, car il n'en avait pas le courage. Mon juge rampait devant Pignon et le puissant assureur international Mondinvest, et il aboyait contre moi, pauvre citoyen.

Quand Jade est rentrée à la maison, je lui ai dit que le juge refusait à nouveau de se rétracter.
– C'était couru d'avance, a-t-elle soupiré.
Cette réflexion m'a fait froid dans le dos. C'était couru d'avance, sans doute, mais j'avais toujours cru que Jade était d'une nature plus optimiste, plus forte que moi. J'ai soudain compris qu'elle avait beaucoup changé en l'espace de quelques jours. J'ai eu l'impression que quelque chose m'échappait, quelque chose qui se situait au-delà de mes capacités intellectuelles, et je n'aimais pas cette sensation. Jade était-elle plus clairvoyante ? Je n'ai pas pu m'empêcher de lui rétorquer :
– Tu avais tout de même un petit peu d'espoir.
– Non. Je ne t'en ai pas parlé parce que je ne voulais pas t'inquiéter. Cela ne servait à rien. Tu verras, nous allons tout perdre…
– Ne fais-tu pas confiance à notre avocate ?
– Elle est compétente, mais nous ne pourrons pas nous en sortir.

— Pourquoi ? Il y a ce délit de contrefaçon.

Jade a haussé les épaules. Sans ajouter un mot, elle s'est déshabillée et couchée.

Les jours suivants, Jade n'a quitté notre lit que pour se rendre aux toilettes. Pour boire et manger, elle n'avait qu'à attraper la bouteille d'eau et le paquet de biscottes qu'elle m'avait demandé de poser sur la table de chevet. Quand je lui suggérais de se confier à moi, elle me répondait qu'elle se sentait très fatiguée. Elle me priait de la laisser se reposer. Elle ne dormait pas. Elle restait prostrée en chien de fusil, les yeux à demi ouverts.

Je ne supportais pas de la voir ainsi, et je tournais en rond dans notre appartement, comme un prisonnier. Jade ne disait rien, ne bougeait pas, mais je n'arrivais pas à faire abstraction de sa présence.

Pourquoi me boudait-elle ? Cherchait-elle à me punir de ce que j'infligeais malgré moi à notre famille ? Me méprisait-elle ? Ma présence la dégoûtait-elle ? Aujourd'hui encore, je refuse de croire tout cela. Jade était généreuse et attentionnée, beaucoup trop. Elle pensait toujours à nos filles ou à moi avant de satisfaire ses propres envies. Elle aurait très bien pu me plaquer au lieu de s'aliter. Alors ? Seule face à son vécu d'immigrée en France, à quoi pensait Jade, mon amour, cette jeune Chinoise que j'avais rencontrée un matin d'octobre 1986 à Pékin, lors d'une visite des studios de la Télévision centrale de Chine ?

À l'époque, je réalisais une enquête sur les émissions de variétés chinoises ; Jade, elle, étudiait l'audiovisuel à l'Institut des médias et elle effectuait un stage en tant qu'assistante réalisatrice sur un show populaire. Elle avait été chargée de m'accompagner pendant ma visite des plateaux de tournage. Je me souviens comme elle était mal vêtue, dans une large robe à grosses fleurs, un vrai sac à pommes de terre, et malgré tout, sa beauté m'avait aveuglé. Sa bouche en forme de cerise, ses yeux finement étirés, son teint de pêche étaient l'œuvre d'un dieu. Ce jour-là, j'avais dû passer pour un goujat, car je n'avais cessé de la déshabiller du regard. Trop occupé à la draguer, je n'avais pris aucune note, et ensuite j'avais peiné pour rédiger mon reportage.

Jade était la plus belle des Chinoises que j'avais connues de près ou même de loin, et pour un homme comme moi, particulièrement sensible à la grâce des Asiatiques, cela signifiait que Jade n'était rien de moins que la plus belle de toutes les femmes. Elle rêvait de présenter un journal télévisé, et je suis persuadé que, si elle n'avait pas croisé mon chemin, sa douceur et son intelligence lui auraient permis de devenir une star du petit écran en Chine. Elle avait toutes les qualités pour séduire un large public.

Moi, elle m'avait conquis en quelques minutes. C'était un coup de foudre... sauf qu'il n'était pas partagé. Du moins, l'ai-je ressenti ainsi ce matin-là. J'avais tenté d'inviter Jade à déjeuner, mais elle m'avait remis à ma place avec un sourire, prétextant qu'elle n'avait pas faim et, en fin de visite, nous nous étions séparés en échangeant une poignée de main.

Les jours suivants, je n'avais pas réussi à la chasser de mon esprit. J'étais même retourné à plusieurs reprises dans le quartier de la Télévision, en espérant que je pourrais l'apercevoir. J'avais eu raison, car, la troisième fois, un samedi, je l'avais rencontrée dans le couloir de la station de métro Fuxingmen, alors qu'elle rentrait passer le week-end chez ses parents, près de la grande place Tiananmen. Le reste de la semaine, elle habitait dans le dortoir de son université, au nord-est de Pékin.

Un vent sibérien soufflait sur la capitale, et Jade était emmitouflée dans un anorak bleu. Un foulard cachait ses cheveux et une partie de son front, mais c'était bien elle, avec sa robe à grosses fleurs qui descendait sur ses chevilles.

En réalité, cette fois, c'était elle qui m'avait approché, car elle m'avait reconnu en premier. Imaginez la cohue un samedi dans le métro de Pékin. Jade avait réussi à me voir, à me distinguer au milieu de centaines et centaines de voyageurs. Je m'étais senti gêné, rougissant d'émotion et de plaisir, ne sachant trop quoi dire. J'avais été pris au dépourvu, je n'avais pas eu le temps de cogiter un plan de drague. C'était elle qui m'avait dit où elle se rendait avant de me demander ce que je venais faire ici. Bien sûr, je n'avais pas pu lui dire la vérité, alors j'avais répondu :

– Je ne sais pas…

Et elle avait éclaté de rire. Et moi aussi, je m'étais mis à rire. Ensuite, j'avais rassemblé assez de courage pour l'inviter de nouveau au restaurant. À ma grande surprise, elle avait accepté sans hésiter :

– Pourquoi pas ! Allons-y !
– Où ?
– Je ne sais pas. C'est vous qui invitez, c'est à vous de décider. Moi, je vous suis.

Jade était ainsi. À la fois autoritaire et soumise. À compter de ce samedi d'octobre 1986, elle me suivrait partout et toujours. Elle abandonnerait ses études à l'université afin de m'épouser – la loi chinoise interdisait alors aux étudiants de se marier –, elle renoncerait à son ambition de devenir une star du journal télévisé, elle viendrait vivre avec moi en France, laissant derrière elle toute sa famille et ses amis, elle renierait même son pays natal en optant quelques années plus tard pour la nationalité française. Pourquoi ? Parce qu'elle m'aimait, tout simplement !

Parce qu'elle me chérissait autant que je la chérissais, à la folie...

Comment avais-je donc séduit une telle femme ?

En acceptant de déjeuner avec moi, ce samedi d'octobre 1986, Jade n'avait pas envisagé que notre relation se prolongerait après le repas, m'avait-t-elle confié par la suite. Elle me trouvait assez *handsome*[1] comme on dit en anglais, la langue dans laquelle nous communiquions à l'époque. Mais sans plus. Elle avait envie de bavarder avec le journaliste occidental que j'incarnais à ses yeux. Elle désirait connaître mes méthodes de travail, mes relations avec les rédacteurs en chef... Jade était curieuse de tout.

Nous étions allés déjeuner dans un vieux restaurant musulman du quartier de Xuanwumen, à deux pas de Fuxingmen et de la Télévision. On y mangeait du hachis de mouton grillé servi dans des petits pains chauds aux graines de sésame, une spécialité locale dont Jade avait entendu parler, sans jamais y avoir goûté. En sortant de table, je ne lui avais pas proposé de faire une promenade dans un parc, ni d'aller au cinéma. Je l'avais conduite jusqu'au célèbre « Mur de la démocratie », près du carrefour de Xidan, là où quelques années plus tôt, durant l'hiver 1978-1979, les jeunes du premier Printemps de Pékin avaient placardé des dazibaos libertaires.

Les leaders de ce mouvement, dont Wei Jingsheng, avaient été jetés en prison. Jade connaissait de nom cet ouvrier contestataire, mais elle ignorait qu'il était l'auteur du slogan *La démocratie sera la cinquième modernisation*[2], et elle avait soif d'apprendre des informations sur les dissidents chinois.

---

1. Adjectif difficile à traduire, signifiant : *beau, élégant*.
2. Cf. les *Quatre modernisations* (celles de l'agriculture, de l'industrie, de la défense et des sciences) décrétées par le pou-

J'avais conquis Jade, ma Pékinoise, en lui faisant découvrir une spécialité culinaire et l'histoire récente de sa ville. Ma connaissance de la Chine l'avait fascinée. Après le Mur de la démocratie, nous étions allés canoter sur le lac du parc Beihai. Nous avions échangé notre premier baiser dans une barque... et ne nous étions plus quittés. Nous nous étions mariés le mois suivant.

Dix-sept ans plus tard, Jade était devenue un zombie. J'avais l'impression de veiller une mourante. Je ne le supportais pas, je refusais de voir mon amour dans un tel état, je voulais faire comme si Jade n'était pas la femme prostrée dans notre chambre. Alors je m'occupais en ruminant ma condamnation. N'ayant rien de mieux à faire, je relisais dix ou vingt fois par jour le jugement italien et l'ordonnance d'exequatur. La greffière m'en avait envoyé une photocopie avec la lettre du juge.

Un nouveau détail m'a frappé. Il était écrit dans le jugement et dans l'exequatur que j'étais condamné « au nom du peuple », comme si je vivais dans une dictature communiste. En Chine populaire, les juges condamnaient au nom du peuple, ils abusaient de leur pouvoir sous prétexte qu'ils exprimaient la volonté des masses, je le savais trop bien pour avoir enquêté sur la délinquance chinoise politique et de droit commun, mais j'ignorais qu'il en était de même en France et en Italie, dans nos sociétés libérales et démocratiques. « Au nom du peuple », était-ce une formule toute faite

---

voir, après la Révolution culturelle, pour transformer la Chine en un pays riche et puissant, et auxquelles manquait justement la démocratie.

sur laquelle je ne devais pas m'attarder ? Une langue de bois juridique ?

Les peuples italiens et français me punissaient. C'était tapé à la machine en caractères gras. Comment pouvais-je le nier ? La majorité des Français et des Italiens condamnaient mon travail de journaliste. Pourtant, des centaines de milliers de femmes et d'hommes respectables avaient lu mes reportages. Pourquoi me lisaient-ils tous s'ils n'appréciaient pas mon travail ?

Je m'étais donc illusionné sur la qualité de ce que je produisais, comme beaucoup d'auteurs qui ont connu un certain succès. Mais je ne me voilais plus la face, et cette agression de la vérité était humiliante. Me retrouver condamné salissait mon honneur. Je devenais un journaliste indigne pour la majorité des gens.

Il n'y a jamais de fumée sans feu. Tout le monde penserait que pour mériter une telle condamnation, j'avais forcément fauté. Et cela n'était pas inexact, puisque je ne possédais pas l'autorisation écrite de Carlo de faire publier ses photos. J'ai compris que la vie en société était une chose sérieuse où aucune négligence n'était tolérée.

J'acceptais d'être sanctionné, mais le jugement italien continuait de me paraître abusif, sans rapport avec la gravité de ma faute. Dans mon esprit, il fallait avoir commis les pires méfaits pour mériter une condamnation de plus d'un million de francs. Je m'estimais victime d'une injustice.

N'était-il pas normal de ressentir comme injuste une décision qui détruisait mon existence ? Mais était-ce vraiment si injuste ? Qui étais-je pour me permettre de décider moi-même s'il y avait ou non une injustice ?

J'ai eu une idée. En cherchant sur Internet des comptes rendus de jugements, je pourrais comparer d'autres condamnations à la mienne. Je me suis connecté à plusieurs sites juridiques, et, durant des heures, à ma grande surprise, j'ai épluché des affaires civiles et pénales qui, quelques semaines plus tôt, n'auraient rien signifié pour moi. Le droit français et européen me passionnait désormais, parce que j'avais pris conscience, à l'âge de quarante-deux ans, d'être un justiciable. À l'aide de mots-clés tels que droits d'auteur, diffamation, exequatur, dommages et intérêts ou Italie, j'ai surfé un peu au hasard sur le web. Ce que j'ai découvert a confirmé mon analyse : les juges n'étaient pas justes.

Devant cette évidence, je n'avais plus aucune envie de livrer un combat juridique. J'y gaspillerais des années de ma trop courte existence. En admettant même que je fusse sûr de gagner mon appel, à quoi cela me servirait-il si Jade et moi devions perdre notre santé mentale en sombrant dans une profonde dépression ? Il existait des gens qui se résignaient ou prenaient même plaisir à faire des procès, mais moi, je me demandais s'il ne valait pas mieux vivre ruiné et en paix que riche et en guerre.

D'ailleurs, mon dossier me permettrait peut-être de m'enrichir si j'intentais plusieurs procès à la fois : je ferais appel de l'exequatur tout en attaquant l'agence Koman pour son délit de contrefaçon. Je pourrais espérer toucher une fortune en dommages et intérêts.

Je pourrais juste l'espérer, je n'en serais jamais certain, et ce double procès risquerait de traîner pendant dix ou vingt ans. J'imaginais une multitude d'incidents de procédure et de renvois, sources de tracas aussi inépuisables que l'eau du delta d'un grand fleuve. Mon affaire n'avait-elle pas déjà duré dix-neuf ans avant de m'atteindre en France ?

Je restais convaincu d'une seule chose : je ne devais pas avoir confiance dans les juges. En aucun cas. Il serait donc aussi stupide de multiplier les procédures que de courir après plusieurs lièvres à la fois. Cela ne servirait qu'à accroître les risques d'erreurs judiciaires. J'en étais sûr !

Pourtant, j'avais engagé un avocat compétent, la loi et la morale me donnaient raison, et alors ? En attaquant l'assureur Mondinvest ou l'agence Koman, je me conduirais comme un vermisseau qui essaierait de secouer une montagne.

Moi-même, victime d'une contrefaçon, j'avais été condamné parce que Carlo ne m'avait donné que l'autorisation de le photographier, ce qui n'impliquait pas celle de publier ses photos selon les juges. Comment pouvait-on faire preuve d'une telle mauvaise foi ? Comment pouvait-on imaginer que quelqu'un se laissât photographier ou interviewer par un journaliste sans se douter que celui-ci publierait son reportage ? La tâche d'un journaliste consistait à rendre publiques des informations. Comment pouvait-on ergoter sur la différence entre une autorisation d'interview et une autorisation de publier celle-ci ?

Trop de droit tuait le droit.

Je savais ce que je devais décider : non, je ne ferais pas appel de l'exequatur ; non, je n'attaquerais pas l'agence Koman pour contrefaçon. J'attendrais, sagement…

*

Mon avocate m'a téléphoné une semaine plus tard. Le 29 juillet. Elle ne m'avait pas oublié. Elle avait essayé de résoudre mon affaire avant les grands départs en vacances du mois d'août.

Chaque jour, elle avait appelé le cabinet de Pignon,

en vain. La secrétaire de Pignon lui avait à chaque fois répondu que son patron était en rendez-vous à l'extérieur. Agacée, mon avocate avait fini par imposer un rendez-vous téléphonique à Pignon pour le 28 juillet, à dix-huit heures. Elle avait glissé à la secrétaire qu'elle intervenait dans le cadre d'une plainte en contrefaçon – accusation qui, selon elle, devrait faire réagir Pignon. Elle avait menacé de s'adresser directement à l'assureur Mondinvest et de court-circuiter Pignon, s'il refusait de lui parler.

– J'ai gagné, m'a-t-elle dit comme si mon affaire était un jeu entre elle et Pignon. Hier soir, maître Pignon m'a rappelée.

– Et alors ?

– C'est un coriace. Quand je lui ai demandé des explications à propos de la contrefaçon commise par l'agence Koman, il m'a répliqué qu'il n'était au courant de rien et que, de toute façon, cette infraction ne concernait pas son client qui était l'assureur Mondinvest et non l'agence Koman. Quant à l'exequatur, il a prétendu que tout semblait en règle. Il m'a soutenu que le juge qui avait accordé l'exequatur ne l'avait jamais avisé d'une quelconque erreur judiciaire.

– Mais dans sa lettre, le juge m'a écrit qu'il avait averti maître Pignon…

– Maître Pignon ment, il sait que nous savons qu'il ment, mais il s'en moque. Quand je lui ai exposé que, n'ayant jamais reçu de citation à comparaître ni de signification du jugement italien, vous étiez sûr de faire annuler l'exequatur en appel, il s'est borné à me répondre qu'il ne concevait pas que les juges italiens et français aient pu vous condamner sans vérifier la régularité de la procédure. Il a répété qu'il avait entre ses mains un jugement italien en bonne et due forme, comme le prouvait l'octroi de l'exequatur en France. Il ne voyait aucun obstacle pour faire exécuter votre condamnation.

— Alors… pourquoi ne me l'a-t-il pas officiellement signifiée ? Il refuse de transiger, n'est-ce pas ?

— Il a dit qu'il devait consulter Mondinvest. Ne vous inquiétez pas ! Tout va s'arranger.

Je gardais confiance en mon avocate, ce qui n'empêchait pas que son ton rassurant finissait par m'agacer. Je me suis demandé si elle était sincère, si elle croyait vraiment ce qu'elle me disait.

Tous les avocats se montraient-ils aussi optimistes quand ils discutaient avec leurs clients ? Cette idée m'a angoissé. Était-il indispensable de croire en l'issue favorable d'une affaire pour être capable de la défendre ? Était-ce une qualité ou un défaut ? L'indécrottable optimisme des avocats déformait leurs facultés d'analyse. Ils en arrivaient à surestimer leur compétence et les atouts de leurs dossiers, comme maître Dufresne. Pour commencer, ne m'avait-elle pas laissé espérer qu'elle réussirait à convaincre le juge français de rétracter son exequatur ? Elle avait échoué. Elle avait alors proposé de négocier entre avocats… Elle n'avait rien obtenu de Pignon.

Je savais qu'elle me défendait de son mieux, je ne lui reprochais rien, mais j'en avais assez des gens qui me conseillaient de ne pas m'inquiéter. Plus ma situation empirait, moins je devais m'inquiéter.

L'attitude de Pignon me déroutait. Je m'attendais à une réaction de surprise et de peur de sa part devant la menace d'un procès en contrefaçon, je m'attendais à entendre que ma dette était annulée. Mais Pignon ne voulait rien négocier. Il considérait ma condamnation comme une preuve de la régularité de la procédure, et non comme celle du contraire. Tout lui semblait parfaitement clair.

Pourtant, un détail m'a procuré du soulagement :

Pignon mentait en soutenant que le juge ne l'avait pas avisé de l'illégalité de l'exequatur. Il mentait avec aplomb, car il savait que nous savions qu'il mentait. Pourquoi était-il obligé de mentir ? Sa position était moins forte qu'il le prétendait.

– Que cherche-t-il ? ai-je demandé à mon avocate.
– Il essaie de gagner du temps.
– Pourquoi ?
– Mettez-vous à sa place ! Que feriez-vous ?... Excusez-moi monsieur H., je réponds à un appel sur mon autre ligne et je vous reprends dans un instant. Ne raccrochez pas...

Impuissant, j'ai entendu un déclic, suivi d'un très long silence. J'en ai profité pour réfléchir. Pignon se cramponnait à son exequatur, et mon avocate le menaçait d'interjeter appel. Existait-il une sorte d'équilibre entre leurs deux positions ? Elles étaient comme deux fils si intimement tressés ensemble qu'il me semblait impossible de les séparer. Pignon représentait l'assureur Mondinvest, le mensonge, la fausseté, le Mal ; mon avocate me défendait, moi, victime d'une double erreur judiciaire, elle incarnait le Bien. Je n'en doutais pas. Cette vérité, si subjective fût-elle, était la seule dans mon esprit. Et ce Mal et ce Bien, tels du noir et du blanc, s'affrontaient et se mélangeaient. Mon affaire semblait grise, sans issue... Je ne réussissais pas à me mettre dans la peau d'un Pignon.

Que ferais-je à la place de l'avocat de l'assureur Mondinvest ? Il devait pourtant y avoir une réponse à cette question. Mon avocate me l'avait posée sur un ton sarcastique, comme si elle en connaissait déjà cette dernière. Un professionnel de la justice trouvait peut-être son chemin dans le brouillard de mon affaire. Son expérience des relations humaines et ses connaissances en droit lui permettaient de distinguer les points noirs des points blancs, là où je ne voyais qu'une énorme tache grise. Mon affaire, mon procès, ma vie, tout cela était-il gris ou bien noir et blanc à la fois ? Le gris resterait à jamais gris, mais il n'était pas impossible de trier le noir et le blanc. Existait-il une issue, un espoir ?

— Je n'y comprends rien, ai-je avoué à maître Dufresne quand elle a repris la ligne.

Je l'ai entendue rire, doucement :

— Voyons, c'est évident… Maître Pignon sait que, de toute façon, l'exequatur sera annulé en appel. Que peut-il donc faire ? Pas grand-chose. Il n'a rien à perdre, alors il feint l'intransigeance pour mieux cacher sa faiblesse, il nous laisse le menacer d'un procès en contrefaçon pour découvrir nos véritables intentions, il ment comme il respire pour distraire notre attention et nous fatiguer. Son seul atout est le temps, puisqu'un exequatur reste valable trente ans. Il cherche votre point faible, et rien ne le presse. Si maître Pignon est assez retors, et je pense qu'il l'est, il peut envisager de prendre le risque de vous signifier l'exequatur pendant vos vacances… Vous disposerez alors d'un mois pour interjeter appel. Si vous vous absentez de Paris plus longtemps, l'exequatur deviendra exécutoire et vous devrez payer votre condamnation.

— Alors, je suis coincé.

— Pas du tout. Cet été, vous n'avez pas l'intention de partir en vacances, n'est-ce pas ? Vous n'avez donc rien à craindre dans l'immédiat, puisque vous pourrez interjeter appel si jamais maître Pignon vous signifie l'exequatur durant le mois d'août. À la rentrée, je reprendrai contact avec lui. Il se sera entretenu avec Mondinvest et Koman à propos de la contrefaçon. Croyez-moi, Mondinvest finira par négocier. Les assureurs ne sont pas stupides. Ils savent qu'un mauvais arrangement est toujours préférable à un bon procès. Au revoir monsieur H. Ne vous inquiétez pas.

Une fois de plus, j'aurais préféré qu'elle ne me donne pas ce conseil. Il était inutile, car je ne pouvais pas m'empêcher de m'inquiéter.

La malhonnêteté de Pignon me terrassait. Comment un homme pouvait-il être si méchant, si calculateur, si fourbe ? Ce Pignon avait sans doute une femme, des enfants, des parents qu'il chérissait. Il avait un cœur, mais il s'acharnait contre moi. Pourquoi ? Quel plaisir prenait-il à détruire ma famille ? Il pouvait imaginer notre détresse. N'éprouvait-il aucune pitié ?

Jade somnolait dans notre chambre. N'ayant aucune bonne nouvelle à lui annoncer, j'ai décidé de ne pas la réveiller. Je supposais qu'elle souffrait moins quand elle dormait.

Je tournais en rond dans notre salon et dans mes réflexions, lorsque j'ai compris que Pignon n'était pas un homme ordinaire. Pignon était un avocat, un homme de loi. Son métier, son devoir, consistait à livrer des combats juridiques. Les problèmes qui me rongeaient depuis plusieurs semaines et représentaient pour moi une étape, un mauvais cap à franchir, façonnaient au contraire pour lui son mode de vie, son quotidien. La justice étant injuste, Pignon était respecté et payé pour tortiller la réalité, mentir et tricher. Il était sans doute un bon avocat, un grand professionnel, mais se rendait-il compte du mal qu'il semait ? En était-il satisfait ou éprouvait-il quelque remords ? La nuit, en écoutant la voix de sa conscience, en songeant à toutes les existences qu'il avait réussi à briser, souffrait-il d'insomnie ?

Je l'espérais…

*

Plus je réfléchissais à mon affaire, plus je me posais des questions auxquelles je ne savais pas répondre, plus je me sentais dépassé et victime d'une sorte de complot.

Comment pouvais-je ne pas m'interroger ? Mon expérience de journaliste m'avait inculqué une méthode pour analyser les problèmes et les faits de société. Elle consistait à poser les bonnes questions pour trouver les bonnes réponses et comprendre de quoi retournait telle ou telle situation. C'était une évidence, mais trop souvent, les reporters enquêtaient en cherchant des questions et des faits qui étayaient leurs idées préconçues. Ils travaillaient à l'envers.

Pour réaliser par exemple un reportage sur la modernisation de la Chine, ils partaient pour Pékin ou Shanghai, ils glanaient quelques statistiques officielles, ils interviewaient des milliardaires rouges, ils visitaient des supermarchés flambant neufs et des usines construites par des multinationales occidentales, ils photographiaient des gratte-ciels poussant entre des bretelles d'autoroutes, et ils prétendaient démontrer la véracité de leur axiome de départ : un miracle économique se produisait bien en Chine communiste. Ils n'analysaient rien car ils ne s'interrogeaient pas. Ils auraient dû commencer leur travail en étudiant une carte de Chine, en se demandant si Pékin et Shanghai représentaient à elles seules l'empire chinois, si d'autres villes ne méritaient pas également qu'on aille y fouiner quelques jours... Car il s'agissait bien de fouiner, de gratter sous la croûte des apparences, de s'interroger sur la désertification et l'insalubrité des campagnes, sur la fermeture des usines d'État, sur la distribution de minima sociaux, sur l'effet de la corruption généralisée, sur le renouveau des croyances religieuses, sur la spéculation boursière et immobilière, sur la croissance et la différence des revenus, sur la pollution... S'ils avaient trouvé des réponses à ces questions au lieu de chercher des faits corroborant leurs préjugés, ces journalistes auraient pu décortiquer l'économie chinoise. J'en étais convaincu, et je devais moi aussi commencer par me poser de bonnes questions afin d'analyser ma situation judiciaire.

Ces questions étaient les suivantes : Pourquoi n'avais-je pas reçu de citation à comparaître devant le tribunal de Rome en 1984 ? Ne m'avait-on pas ainsi privé du droit à une défense équitable ? Pourquoi les juges italiens n'avaient-ils pas relevé un vice de procédure ? Pourquoi Mondinvest ne m'avait-il pas signifié le jugement italien en 1994 ? Était-ce un oubli ? Ou bien l'assureur avait-il voulu m'empêcher de faire appel de ma condamnation en me laissant dans l'ignorance ? Pourquoi avait-il attendu neuf ans, jusqu'en 2003, avant de me mettre en demeure ? Était-ce un nouvel oubli ? Pourquoi Pignon m'avait-il caché qu'il avait obtenu un exequatur ? Pourquoi ne prenait-il pas une hypothèque sur mon appartement comme la Convention de Bruxelles l'y autorisait ? Pourquoi ne m'envoyait-il pas un huissier pour m'obliger à payer ? Pourquoi ne redoutait-il pas un procès en contrefaçon ? Pourquoi mentait-il ? Pourquoi voulait-il gagner du temps, alors qu'il était dans une position de demandeur ?

Tant de questions m'embrouillaient, car j'étais incapable de les résoudre de manière définitive. À force d'envisager toutes les hypothèses, je m'y perdais. Une seule certitude germait dans mon esprit : je servais de bouc émissaire, j'étais la victime d'un complot international qui durait depuis près de vingt ans. Ma mise à mort était sophistiquée, civilisée, légale ; elle était aussi lente qu'inexorable. Carlo, l'agence Koman, l'assureur Mondinvest, les juges italiens et français, et maître

Pignon s'étaient tous entendus comme larrons en foire pour me plumer. Pourquoi ? Pour l'argent, bien sûr. Cela, au moins, ne faisait aucun doute. Aucun d'entre eux ne nourrissait une haine personnelle à mon égard. La plupart ne me connaissaient même pas, mais il fallait que quelqu'un paye pour la contrefaçon commise par l'agence Koman. Ce serait moi la victime. Ce serait moi et ma famille, nous les petits, les faibles, les impuissants devant la justice européenne.

Malgré les conclusions rassurantes de mon avocate, j'ai pris conscience que dans un mois, dans un an ou dans vingt, nous devrions vendre notre appartement pour payer Pignon. Je l'ai ressenti au plus profond de moi, dans mes tripes qui se nouaient, dans mes jambes et mes bras tétanisés, dans mon cœur qui martelait ma poitrine. Dans un futur plus ou moins proche, notre nid douillet ne nous appartiendrait plus. D'autres gens l'achèteraient – peut-être lors d'une vente aux enchères sur saisie immobilière, réalisant ainsi une excellente affaire – et ils y emménageraient. Ils y vivraient sans doute aussi heureux que nous l'avions été, ils s'aimeraient dans notre chambre à coucher, ils prépareraient leurs repas dans notre cuisine, ils feraient leur toilette dans notre salle de bains.

J'aurais préféré ne pas y penser, et continuer de vivre comme si de rien n'était, mais j'étais vaincu à mon tour par le pessimisme. J'abdiquais. Rien ni personne ne pourrait m'aider. Les médicaments antidépresseurs ne me soulageaient même plus. Jade, elle, avait arrêté de les prendre depuis qu'elle s'était alitée, il y avait déjà plus d'une semaine. Peut-être était-ce la raison pour laquelle elle allait beaucoup plus mal que moi… Au moins, je continuais de m'habiller, de me laver, de sortir faire des courses, de répondre au téléphone.

Jour et nuit, prostrée sur notre lit, Jade somnolait sans jamais s'endormir profondément. Son état me faisait peur. Je n'espérais même plus qu'elle demande des nouvelles de mes problèmes judiciaires, de ce qui était devenu notre calvaire. Plus rien ne l'intéressait. Pas même nos enfants. L'abattement de Jade, sa déchéance, me rappelaient une métaphore lue dans un roman américain. Je ne me souvenais plus du titre ni du nom de l'auteur ni même de l'intrigue de ce livre, seule l'image décrivant le mécanisme de la dépression restait gravée dans ma mémoire : « Quand le moral commence à abandonner un homme, c'est comme l'eau qui s'échappe par la brèche d'une digue. Et plus il s'en échappe, plus le trou s'agrandit jusqu'au jour où il ne reste plus rien. »

Je ne reconnaissais plus ma femme. Elle qui était si active, si battante, et en même temps si attentionnée envers moi. Pour la première fois, elle me laissait tomber. Oui, elle m'abandonnait, il n'y avait pas d'autres mots pour décrire son comportement, même si c'était contre sa volonté, même si c'était égoïste de ma part de penser cela. Durant dix-sept longues années, nous n'avions jamais été séparés plus d'une journée, elle m'avait accompagné aux quatre coins du monde, elle m'avait épaulé en toutes circonstances. Je ne la reconnaissais vraiment plus.

Cinq ans après notre mariage, nous avions surmonté côte à côte une terrible épreuve. Nous avions eu un accident de moto, alors que nous partions en week-end retrouver mes parents dans leur maison de campagne, en Champagne. Sur l'autoroute de l'Est, une rafale de vent nous avait projetés contre une glissière de sécurité. Jade s'en était tirée avec quelques égratignures, mais, moi, je m'étais écrasé sur la rambarde coupante. J'avais eu des côtes cassées et une partie de l'abdomen entrouvert. C'était horrible. Mon sang coulait à flots sur la chaussée et j'avais si mal. J'avais cru mourir. J'avais d'ailleurs souhaité mourir, tant la douleur était insupportable. Mais en attendant les secours, Jade avait caressé mon front ensanglanté, me suppliant de ne pas la laisser seule au monde, parce que je n'en avais pas le droit, parce qu'elle m'aimait, parce que nous nous aimions, parce que nous ne pouvions vivre l'un sans l'autre. Le bonheur d'entendre sa voix m'avait donné le courage de rester éveillé, d'accepter la douleur. Ensuite, j'avais été hospitalisé durant un mois, et Jade avait réussi à convaincre les médecins de l'autoriser à rester tout ce temps dans ma chambre, à mon chevet. Ne disposant pas d'un lit où se reposer, elle était demeurée assise dans un fauteuil pendant une trentaine de jours, elle ne m'avait pas quitté une seule minute. Je ne l'oublierais jamais.

Je lui devais tant. Il fallait faire quelque chose pour elle, pour nous. Mais quoi ?
Plusieurs fois par jour, j'essayais de bavarder avec elle. Je désirais au moins maintenir une sorte de dialogue entre nous, toutefois, je craignais de la faire davantage souffrir en parlant de ma condamnation ou de nos enfants que nous avions maltraités. Je ne savais quel sujet aborder, alors je lui demandais à quoi elle pensait.
– À rien… répondait-elle, ouvrant les yeux tout en se retournant vers moi.
J'insistais. Je la priais de me dire quelque chose, n'importe quoi, mais elle s'enfermait dans le silence en me regardant sans aucune expression, comme si je ne représentais plus rien pour elle, comme si j'étais devenu transparent. Elle ne pleurait même plus. Elle semblait hypnotisée, telle une personne qui aurait perdu toute volonté. Qu'attendait-elle ? Qu'espérait-elle ? Malgré

moi, je lui avais fait tant de mal, et elle ne me reprochait rien. Une autre femme aurait sans doute commencé à me haïr, elle aurait survécu au désespoir, elle se serait souvenue qu'une tempête ne durait jamais éternellement : le soleil finissait toujours par percer les nuages…

Mais comment expliquer cela à Jade ? Comment l'aider ? Elle me regardait sans me voir, elle m'écoutait sans me répondre. J'aurais dû sans doute lui faire avaler de force ses médicaments, mais je refusais de perpétrer un tel acte de barbarie. J'aurais eu l'impression de violer mon amour à l'aide d'une camisole chimique. Alors, je sortais de la chambre. Je laissais Jade tranquille et seule, si seule, toute seule…

Ma lâcheté m'écœurait, je me sentais sale et gluant, j'étouffais d'angoisse et de chaleur. La terre était un enfer. Il faisait si chaud, cet été 2003. La canicule qui tuait les vieillards par milliers me lessivait. Je restais juste capable de me glisser sous la douche pour me rafraîchir et pleurer sans retenue. Comment aurais-je pu conjurer l'agonie de Jade avec le peu que j'étais devenu ?

Quelques jours plus tard, en achetant des cigarettes rue Montorgueil, j'ai rencontré monsieur Escobar, le mari de notre concierge. Je ne l'avais pas vu depuis plusieurs mois, et j'ai été surpris de constater qu'il entrait dans le bureau de tabac en s'appuyant sur une canne. Il boitait.

Âgé d'une cinquantaine d'années, monsieur Escobar avait l'allure avenante d'un petit gros. Il travaillait dans une pharmacie et avait lu tous mes reportages. Il n'avait jamais voyagé plus loin que l'Espagne, son pays natal, mais il aimait les récits d'aventure. J'appréciais sa compagnie. Quand nous nous croisions dans la cour de notre immeuble, nous en profitions pour griller ensemble une ou deux cigarettes et je répondais à ses questions sur la vie quotidienne en Asie.

Monsieur Escobar m'a tout de suite reconnu. Il m'a serré la main en souriant. Depuis plusieurs semaines, je ne fréquentais plus mes amis, je ne voyais que Jade, mes parents et mes filles. J'ai eu envie de bavarder avec ce brave homme, de prendre de ses nouvelles, de partager la douleur qui le faisait boiter. Nous sommes sortis ensemble du bureau de tabac.

— Je vous raccompagne à la maison, ai-je dit en lui prenant le bras. Vous avez du mal à marcher. Avez-vous eu un accident ?

— Oh, non ! C'est plus grave que ça. Je suis atteint de sclérose latérale amyotrophique. J'ai du mal à coordonner mes mouvements, je ne peux m'empêcher de traîner la patte, parfois mes jambes ne me soutiennent plus, alors je tombe. La cause de cette maladie est inconnue, et j'en souffre depuis deux mois.

— Est-ce grave ? ai-je naïvement demandé.

— Oui. C'est une maladie dégénérative de la moelle épinière. Chaque jour, je me vois diminuer. Il n'existe aucun espoir de guérison.

Nous marchions à sa vitesse, à tout petits pas, comme des handicapés, mais il ne semblait ni abattu, ni même inquiet. Il parlait en gardant un beau sourire.

Les médecins lui avaient annoncé que quatre-vingts pour cent des malades atteints de sclérose latérale amyotrophique mouraient au bout de trois ans. Les vingt pour cent restants bénéficiaient d'un sursis de quelques années supplémentaires. Personne n'en réchappait. Il existait un traitement, mais il ne retardait que de trois ou quatre mois l'échéance fatale.

— Alors à quoi bon se gaver de médicaments ? a lancé monsieur Escobar sur un ton badin.

— Vous semblez si serein. N'avez-vous pas peur ?
— J'apprends à vivre sans penser à l'avenir. Je tiens le coup pour ma femme et mes enfants, je ne dois pas me lamenter. Cela ne servirait à rien. Mais je reste lucide, je sais que je vais bientôt mourir. Quand ma fin approchera, quand je ne supporterai plus ma déchéance, quand je n'aurai plus de vie à vivre, alors je prendrai mon fusil de chasse et je ferai ce qu'il faut… Et vous, au fait, comment allez-vous ?

Nous étions arrivés dans la cour de notre immeuble. Sans s'apitoyer sur son sort, monsieur Escobar m'avait confié qu'il se suiciderait, mais, avant de me quitter, il s'inquiétait de ma santé. Il continuait de sourire, il semblait heureux. Je lui ai répondu que j'allais bien. Je ne voulais pas l'ennuyer avec mes problèmes judiciaires, ni même lui parler de la dépression de Jade. Mes problèmes me semblaient soudain insignifiants, si légers à endurer.

Ma réponse n'a pas convaincu monsieur Escobar, car il m'a dévisagé en fronçant les sourcils, d'un air soupçonneux.

— Vous avez l'air fatigué. Vous avez des problèmes, n'est-ce pas ?
— Non, ça va. Il fait trop chaud, c'est tout.
— Vous avez raison. On se croirait chez moi, dans le sud de l'Espagne.

Et nous avons échangé une poignée de main. Il a poussé la porte de la loge, tandis que je montais quatre à quatre l'escalier de notre immeuble. J'avais enfin une « bonne nouvelle » à annoncer à Jade, même si j'avais honte de réaliser que le malheur de monsieur Escobar me remplissait de bien-être.

Je ne me réjouissais pas de le savoir mourant, bien sûr, mais j'étais heureux de prendre conscience de la relativité de nos propres ennuis. De quoi souffrions-nous en réalité ? Une perte d'argent, si importante fût-elle, était-elle un vrai malheur ? Nous gardions la possibilité de rebondir, de nous aimer, de travailler, de racheter un appartement où nous pourrions vivre à nouveau heureux. Nous allions rester en vie. Une plaie d'argent ne constituait pas un vrai malheur.

Monsieur Escobar me donnait une leçon de courage, de sagesse. Il ne me disait pas : « Après la pluie vient le beau temps. » Son attitude exprimait quelque chose de plus subtil, car il ne nourrissait aucun espoir de guérison. Il se conduisait selon ce vieux principe qu'un homme digne de sa condition humaine supporte l'insupportable.

D'ailleurs, notre situation personnelle n'était même pas insupportable. Notre malheur et celui de monsieur Escobar étaient d'une nature différente. Jade et moi, nous avions des ennemis humains et identifiés. Nous pouvions nous défendre ou nous soumettre face à la cupidité des avocats et à la négligence des juges. Nous avions le choix.

Je ne pouvais pas résoudre mes problèmes judiciaires, mais cela n'avait plus guère d'importance. Je savais comment réagir : nous ne devions pas nous enfoncer dans la paresse, la déprime, l'amertume. Si nous étions sages, nous devions nous réjouir de notre sort. Nous allions rester en vie. C'était ma bonne nouvelle. J'allais expliquer tout cela à Jade, je la réveillerais, je l'obligerais à m'écouter. Si nécessaire, je la forcerais à reprendre ses antidépresseurs.

J'ai ouvert la porte de notre appartement dans un état d'exaltation. Mais aussitôt, j'ai senti comme un parfum de brûlé, piquant et douceâtre à la fois. J'ai cru reconnaître l'odeur de la poudre. Un drôle de frémissement m'a parcouru l'échine. À ce moment-là, à cet instant précis, j'ai compris que quelque chose d'extraordinaire s'était produit pendant mon absence.

J'ai couru dans notre chambre…

Étendue en peignoir sur le lit, la tête renversée sur le traversin, Jade gisait dans une mare de sang. Elle tenait contre elle la carabine 22 long rifle que j'avais héritée de mon grand-père. Ses yeux grand ouverts me fixaient mais elle ne respirait plus. Elle avait un petit trou rouge au milieu du front.

Je n'ai pas osé la toucher.

Je savais que je ne pouvais pas la réveiller, lui rendre la vie. Je tremblais. Il n'y avait rien à faire. Rien. Pourtant, je n'arrivais pas à en croire mes yeux. Ce ne pouvait être ma femme qui était morte. J'ai secoué la tête, comme pour essayer de me sortir du cauchemar que j'étais en train de vivre. Mais non. Le visage livide de Jade restait immobile, tel un masque. Je ne voyais plus que le trou rouge. Il semblait me parler. *Sauve-moi ! Secoue-toi !* Plus rien ne serait comme avant. Je n'avais jamais imaginé vivre sans Jade. J'étais foutu sans elle. Elle n'avait pas le droit de mourir. Elle ne pouvait pas me faire ça. Impossible. Alors pourquoi l'avait-elle fait ? *Secoue-toi ! Vite !* Jai bondi sur le téléphone pour appeler le Samu, même si cela ne servait plus à rien. Aucun médecin ne réussirait à ressusciter ma femme.

Une feuille de papier était glissée sous le combiné téléphonique, bien en évidence. C'était une lettre de Jade, c'était la dernière chose qu'elle avait eu l'énergie d'entreprendre avant de se donner la mort :

Luc, mon chéri,
Je t'aime plus que jamais, mais cela ne suffit plus. Je suis à bout, si fatiguée. La vie ne m'intéresse plus. Je m'en vais. Pardonne-moi mon amour. Je t'embrasse.

Prends soin de nos enfants. Je compte sur toi. N'oubliez pas que je vous aime.

Ma gorge s'est nouée et j'ai fondu en larmes tout en m'affaissant dans le canapé de notre salon. Je n'ai pas voulu revoir le cadavre de mon amour, cela aurait été trop pénible. La douleur me submergeait. J'ai pensé un instant à recharger la carabine et à me supprimer à mon tour. Mais je ne l'ai pas fait. Je n'avais pas le droit de mourir, de ne penser qu'à moi. Jade ne m'avait-elle pas demandé de m'occuper de nos filles ? Je n'ai pas eu la lâcheté de trahir sa dernière volonté. Je n'ai eu que le courage d'attendre l'arrivée du Samu et de la police.

À propos du décès de Jade, en écrivant aujourd'hui ce livre, je ne peux rien dire de plus. Je ne raconterai ni la levée du corps ni la crémation deux jours plus tard. Ce serait trop me demander que de revivre ces événements…

Jade avait estimé qu'elle n'avait plus de vie à vivre. Elle avait agi comme si elle avait entendu monsieur Escobar : ne se sentant plus vivre comme un être humain, elle n'avait plus supporté ce qu'elle croyait être insupportable, et elle avait mis à exécution les paroles de monsieur Escobar, en utilisant une arme à feu. La coïncidence était déroutante, mais je n'y attachais pas d'importance. Une sorte de fureur obnubilait ma pensée.

J'ai senti la haine naître au fond de moi. Jade n'avait jamais fait de mal à quiconque. Personne n'avait jamais été aussi innocent qu'elle, mais elle avait été condamnée à se donner la mort. Je devais venger Jade. Je lui devais au moins cela : elle m'avait offert les dix-sept dernières années de son existence et elle était morte à cause de mes ennuis judiciaires. Quelqu'un payerait pour son suicide. Je tuerais le responsable…

J'ai pensé à Carlo.

*

Les jours suivants, la disparition de Jade a été une réalité vraiment insupportable, mais je me suis obligé à la supporter parce que je voulais vivre. J'étais le père de deux enfants et je devais tuer quelqu'un, peut-être même plusieurs personnes…

C'est devenu une obsession. Tout le reste m'indifférait. La haine assiégeait ma conscience. Je ne me reconnaissais pas, je devenais une énigme pour moi-même.

J'avais toujours considéré que l'histoire de l'humanité témoignait d'un long processus d'émancipation. J'avais cru que nos démocraties occidentales évoluaient chaque jour vers plus de justice et de liberté. Je m'étais trompé. La société était responsable de mon malheur. En me condamnant, elle avait exécuté Jade. Les gens ne nous aimaient pas… Eh bien, moi, je ne les aimais pas non plus ! Je rêvais de pandémies, j'imaginais la disparition du genre humain, et cette idée me réchauffait le cœur.

Je n'avais plus grand-chose à perdre, si ce n'était le bonheur de voir grandir mes deux filles. Mais je pouvais compter sur mes parents pour les élever s'il m'arrivait malheur en vengeant Jade, si j'étais jeté en prison ou même tué. Je savais qu'ils exécuteraient la dernière volonté de Jade, ils l'avaient chérie comme leur propre fille. J'étais donc libre. Je me sentais prêt à tout.

Je n'envisageais plus du tout de faire appel de l'exequatur, ni même de demander à mon avocate de renouer le dialogue avec Pignon, Mondinvest, Koman et les juges. Tous aussi pourris qu'ils étaient, ils pouvaient se battre pour me saisir mon appartement et vider mon compte en banque... Je ne me souciais plus du devenir de mon procès. D'ailleurs, je n'étais ni juriste ni politicien ni homme d'affaires, je n'étais qu'un écrivain, et, comme le dit un proverbe, « quand on veut tailler le bois à la place d'un charpentier, il est inévitable de se blesser les mains ». Je ne vaincrais jamais Pignon ni Mondinvest sur leur terrain en les affrontant dans un prétoire. Ma cause était entendue d'avance, alors je rendrais moi-même la justice. Je ferais ce que l'on attendait de moi, ce que j'étais censé avoir déjà fait au moins une fois en tant que condamné : enfreindre la loi. Je le referais. Et je suivrais les préceptes de la Bible, j'obéirais à la loi divine du Deutéronome : « Vie pour vie, œil pour œil, dent pour dent, main pour main, pied pour pied. » Cette loi du talion était aussi vieille que l'humanité, et elle avait survécu à l'épreuve du temps. Elle était équitable, elle devait être juste. Je m'en persuadais.

Mais qui était responsable du suicide de Jade ? Qui devais-je tuer ? Carlo ? Le vendeur de l'agence Koman qui avait utilisé mon reportage ? Les juges italiens qui m'avaient condamné sans raison ? Le directeur de Mondinvest ? Le juge français qui avait accordé l'exequatur par négligence ? Ou bien Pignon qui s'était acharné sur nous ?

Ils étaient tous coupables. Courant après l'argent et le pouvoir, ces êtres des ténèbres méritaient tous d'être punis, mais je devais choisir celui dont je m'occuperais en premier. Je lui interdirais de vivre avec la conscience tranquille, il ne pourrait plus aller tête haute sans se douter du suicide de Jade, il ne dépenserait jamais son fric mal acquis, il ne consommerait plus, je le priverais de tout, même du droit de respirer.

Carlo était à l'origine de tout. Je le tuerais donc en premier.

Et cette décision imposée par la logique me convenait. Je haïssais Carlo, mais je n'éprouvais en fait que du dégoût pour les autres. La haine et le dégoût ne sont pas des sentiments de même nature. Le dégoût s'accompagne d'une réaction de mépris, il ne rend pas fou, tandis que la haine ronge celui qui l'éprouve, elle l'obsède. La haine est une sensation transcendante sur laquelle se greffe un certain respect pour celui qui est haï.

Je considérais que Carlo m'avait trahi et grugé en beauté. Il avait réussi à tromper les juges italiens, il avait tout manigancé dans son propre intérêt, il n'avait de comptes à rendre à personne. Ainsi, plus je haïssais Carlo, plus je le respectais.

Mais il avait été mon ami. Aurais-je le cran de le tuer ? Je l'espérais… et cette pensée m'a fait frémir. Étais-je devenu un monstre ? Pendant un court instant, j'ai eu honte de préméditer le meurtre d'un homme et je me suis reproché de m'être réjoui en imaginant le cadavre de Carlo et la peine de ses proches. Avait-il une femme et des enfants ? Je l'ignorais, mais cela m'a fait repenser à Jade… J'ai revu le petit trou rouge qu'avait laissé la balle de 22 long rifle en pénétrant dans le front de mon amour.

Oui, j'assassinerais Carlo. Je ne reculerais pas, je ne renoncerais pas à la violence. Je ne me laisserais pas attendrir par le souvenir d'une amitié passée ni par la pitié ou la morale. Je ne permettrais pas au temps d'apaiser ma soif de vengeance en gommant de ma mémoire le sang de Jade.

Je devais agir sans tarder. J'assumerais mon devoir de condamné innocent.

J'avais été poussé à bout et j'étais libre de faire ce à quoi l'on devait s'attendre de la part d'un type tel que moi. En accord avec ma conscience, je n'aurais ni honte ni peur de vouloir rendre moi-même justice.

Sur le conseil de mes parents chez qui elles continuaient d'habiter, j'avais caché la mort de Jade à mes deux filles. Elles étaient si jeunes – Anaïs, l'aînée, n'avait que dix ans –, et je pensais qu'il était inutile de les faire souffrir.

Elles sont finalement rentrées à la maison vers le 10 août. Pour justifier l'absence de Jade, je leur ai dit que leur mère était partie à Pékin pour y chercher du travail. Là-bas, elle pourrait vite gagner de l'argent, ce qui nous permettrait de payer ma condamnation et de vivre à nouveau tous ensemble, heureux comme autrefois. Rien de cela n'était vrai, bien sûr, mais de jeunes enfants pouvaient le croire et mes filles m'ont cru. Leur mère, ai-je ajouté, n'avait pas eu d'autre choix que de rentrer en Chine, de partir, ce qui n'était plus tout à fait faux. Elles lui en ont voulu de ne pas les avoir emmenées avec elle, mais je les ai consolées en prétendant que nous irions bientôt la rejoindre, dès qu'elle nous aurait trouvé une maison. Ce mensonge me laisserait le temps de m'organiser pour avouer l'inavouable à deux fillettes : le suicide de leur mère.

La canicule de cet été 2003 tuait de plus en plus de vieillards. Les journaux annonçaient le chiffre de dix mille victimes, et les services d'urgence des hôpitaux étaient débordés. Dans notre appartement, la température montait à près de quarante degrés. Il faisait trop chaud. Alors, chaque après-midi, je promenais mes filles aux Buttes-Chaumont où nous trouvions un peu de fraîcheur sous les grands arbres.

Un soir, en rentrant du parc, Anaïs et Kim m'ont rappelé que Jade et moi leur avions promis de leur offrir une journée à Disneyland pendant leurs vacances scolaires. Elles m'ont supplié de les y emmener dès le lendemain. Elles ne voulaient plus retourner jouer aux Buttes-Chaumont.

Mes deux petits bouts de femmes étaient trop mignonnes, trop persuasives. Quand je les regardais, j'avais l'impression de voir Jade enfant. La seule présence d'Anaïs et de Kim à mes côtés était un bienfait inestimable. Je souhaitais seulement les rendre heureuses et ne pouvais rien leur refuser. Nous irions donc le lendemain matin chez Mickey…

Je le dis tout de suite : j'ai vécu cette journée à Disneyland comme un calvaire. J'avais accepté de visiter ce parc d'attractions pour contenter mes deux filles tout en espérant me changer les idées. J'avais cru que je pourrais oublier Jade et Carlo pendant quelques heures, au moins. Mais cela a été impossible.

Nous avons assisté à la grande parade des personnages de Disney et à un spectacle d'acrobates racontant la rencontre de Tarzan et de Jane ; nous avons eu la chance de faire la plupart des attractions : les pirates des Caraïbes, la maison hantée, la chaumière de Blanche-Neige, la maison des poupées, le bateau à aubes du Far West, le chalet de Pinocchio ; nous nous sommes perdus dans le labyrinthe d'*Alice au pays des merveilles* ; nous avons visité le château de la *Belle au bois dormant* ; nous avons rencontré Mickey, Donald,

Minnie et Pluto qui nous ont signé des autographes sur une feuille de papier ; nous sommes montés dans la cabane suspendue de Robinson Crusoé ; nous avons volé en compagnie de Peter Pan ; nous avons même voyagé à bord d'une navette spatiale et grimpé aussi dans un train fou qui nous a propulsé à une vitesse vertigineuse à travers les galeries d'une mine d'or. Cette attraction était la plus excitante pour Anaïs et Kim, et nous en avons fait trois ou quatre tours.

C'était une journée parfaite et inoubliable pour mes filles, peut-être la meilleure de leur courte existence, comme le répétait Anaïs. Leur seul bonheur aurait dû me suffire. Mais malgré moi, je ne réussissais pas à m'amuser. Je n'avais même pas peur dans le train de la mine d'or. La peur était une émotion qui ne m'habitait plus. Pour prendre peur, il aurait fallu commencer par craindre de perdre la vie. Mais, je n'avais plus peur de la mort, sans pour autant désirer mourir. En montant dans ce train fou, comment aurais-je pu ressentir autre chose que la vitesse qui me décoiffait ?

Les slogans publicitaires de la firme Euro Disney proclamaient : *Visitez Disneyland, là où le rêve devient réalité. Vivez la magie de Disney.* Cette *magie de Disney* agissait comme un puissant hallucinogène en nous donnant l'illusion de pénétrer dans un monde féerique, tout beau et tout gentil. Elle nous abrutissait en nous rendant euphoriques. Avais-je le droit de priver mes enfants de cette drogue ? Je ne voulais pas gâcher leur plaisir, alors je ruminais mon dégoût en gardant le sourire.

Oui, Disneyland me soulevait le cœur.

Je remarquais que la drogue Disney, cette fameuse magie, produisait un effet inattendu sur certains visiteurs, surtout des étrangers. Ce Bestioland les rendait bruyants et même agressifs. Les Italiens me semblaient particulièrement querelleurs et envahissants, poussant et doublant jusque dans les files d'accès aux attractions. Mais cette impression était peut-être partiale, car je prêtais trop attention à leurs comportements. Je voyais des Italiens partout, et je les détestais tous. Je les identifiais aux juges romains qui m'avaient injustement condamné. Et puis, la majorité de tous ces Italiens avaient voté pour ce politicard fascisant de Berlusconi. J'exagérais bien sûr, je souffrais d'anti-italianisme primaire, tout comme certains Français haïssaient les Américains, sauf que j'avais une raison de détester les Italiens. Était-ce vraiment une excuse ? Je ne le croyais pas, mais je ne pouvais ni ne voulais refouler mes sentiments. Ils entretenaient la flamme de mon désir de vengeance, et chaque fois que je croisais un Italien d'une quarantaine d'années, je me demandais si ce Rital-là n'était pas mon Carlo en goguette à Bestioland. Mais comment aurais-je pu reconnaître Carlo ? Je ne l'avais pas revu depuis vingt ans. Avait-il grossi ? Avait-il encore ses beaux cheveux noirs et ondulés ? S'était-il laissé pousser une moustache ou une barbe ? Soudain, une question m'a angoissé : Carlo était-il toujours en vie ?

Je ne réussissais pas à le chasser de mon esprit. Même pendant quelques heures...

« Vie pour vie, œil pour œil, dent pour dent, main pour main, pied pour pied », telle était la dure loi du talion. Elle seule pouvait laver une dette de sang. Elle était la plus juste de toutes les lois. Elle rétablissait un équilibre en infligeant au coupable le traitement même qu'il avait fait subir à sa victime. Mais cette mort donnée en vertu de la loi du talion ne devait pas être confondue avec la peine capitale institutionnelle qui était un assassinat cruel et de sang-froid, prononcé au nom de la société par des juges qui n'étaient pas eux-mêmes des victimes. Moi, je tuerais Carlo en étant à la fois sa victime et son juge. Ma vengeance serait légitime. J'administrerais à Carlo un châtiment adéquat. Si je réussissais à agir sans méchanceté et sans faiblesse, ma conscience n'aurait rien à se reprocher.

Jour après jour, en cette fin de mois d'août, je retrouvais la sérénité en acceptant l'idée de tuer un homme quand un nouveau problème, d'ordre pratique, m'a tourmenté : comment allais-je m'y prendre pour traquer Carlo ?

Pour commencer, je confierais de nouveau mes filles à mes parents. Je les tiendrais tous à l'écart de mon projet de meurtre, car je ne voulais pas les rendre complices de mon crime, ni même qu'ils fussent inquiétés par la suite pour non-dénonciation de malfaiteur. Moins ils en sauraient, moins ils risqueraient d'ennuis.

Puis je partirais en Italie, à la recherche de Carlo. Je ne disposais que de deux indices pour le pister, mais ils me suffiraient peut-être. Dans le jugement italien que m'avait envoyé Pignon, il était écrit que Carlo résidait à Vintimille, et, en fouillant dans mes archives, j'avais retrouvé son adresse d'il y a vingt ans dans cette même ville, située à quelques kilomètres de la frontière française. Carlo n'avait peut-être pas déménagé. Habitait-il toujours au-dessus de l'épicerie qu'il tenait avec ses parents ?

Le plus important était de retrouver quelque part une trace récente de Carlo. Ensuite, d'une manière ou d'une autre, je le piégerais et lui ferais la peau. J'étais convaincu de réussir. Je restais impuissant face à la justice européenne, mais, avec de la ténacité, je pouvais vaincre un seul homme, fût-il aussi vicieux que Carlo.

Je ne comptais pas pour des gens tels que Pignon et les juges, et justement, aussi fluide et insaisissable que de l'eau, je finirais à la longue par éroder tous les obstacles à ma vengeance.

Les dés étaient jetés !

Deuxième round

En Italie

Je sais que dans la vie un homme devrait toujours se relever avant que l'arbitre ait fini de compter. C'est là qu'on juge un homme, pas quand il est sur ses pieds mais quand il est au tapis...

V. S. Naipaul.

Le 7 septembre, je suis parti pour Vintimille. J'ai pris un train de nuit à la gare d'Austerlitz.

J'ignorais combien de temps il me faudrait séjourner en Italie, mais je n'emportais aucune valise. Je désirais voyager léger, pour me déplacer sans entraves, sans avoir à me soucier de chercher une consigne ou une chambre d'hôtel où déposer mes bagages dès mon arrivée. Et puis, je devais rester anonyme, comme transparent, et ne rien entreprendre de superflu qui me fît remarquer. Ma vengeance assouvie, je pourrais disparaître sans laisser de traces.

Je ne portais aucune arme sur moi. Pourquoi aurais-je pris un tel risque ? Je n'avais toujours pas la moindre idée du traquenard que je tendrais à Carlo ; néanmoins, un détail m'avait préoccupé avant de quitter Paris : vingt ans s'étaient écoulés depuis notre dernière rencontre, j'avais grossi d'une quinzaine de kilos et deux longues rides barraient mon front, j'avais vieilli, j'avais changé, mais serait-ce suffisant pour ne pas être reconnu de Carlo ? Je voulais le piéger par surprise, et j'étais arrivé à cette conclusion que je devais changer d'apparence. Une fois de plus !

Au cours de ma carrière de journaliste, je m'étais déjà masqué pour mieux démasquer telle ou telle réalité sociale. Je n'éprouvais aucune honte à travailler en espionnant, même si le code de déontologie des journalistes condamnait cette méthode, déloyale mais si efficace. Je me représentais comme un Robin des bois du journalisme, en quête de la vérité à tout prix et par tous les moyens, n'ayant de compte à rendre qu'à ses lecteurs. Sans me vanter, j'étais devenu une sorte d'expert pour me glisser dans la peau d'un autre. Je parlais sept langues, je savais même me foncer la peau et devenir noir, mais mes techniques de travestissement ne pouvaient se mettre en œuvre du jour au lendemain. Elles exigeaient de la préparation, des ajustements, et une adaptation psychologique au nouvel environnement social dans lequel je plongeais.

Ma soif de régler son affaire à Carlo ne me laissait pas le temps de peaufiner un déguisement. Et puis, pour la première fois de ma vie, je devais modifier mon apparence physique pour une raison personnelle. Cela changeait tout. Ma conscience professionnelle de journaliste ne me dicterait rien. Je n'aurais aucun compte à rendre à un rédacteur en chef ou à des lecteurs. Je n'aurais plus à me soucier de l'originalité de ma métamorphose, ni de la qualité des informations que cette expérience me permettrait de découvrir. Je travaillerais pour moi, pour moi seul.

Je ne partais pas en reportage mais à la chasse à l'homme, et un bon camouflage me suffisait. Je devais juste changer de visage en un laps de temps assez court. J'ai songé à ne plus me raser, pour y renoncer aussitôt. Je ne voulais pas perdre deux semaines à regarder ma moustache et ma barbe pousser. Me raser le crâne me semblait aussi une solution trop radicale, trop voyante – les chauves attiraient les regards –, mais je pouvais par contre me teindre les cheveux et les friser.

C'était une excellente idée.

En une matinée, j'ai réussi à les décolorer, les teindre

en blond doré et à les crêper. J'ai eu un choc en regardant le résultat final dans un miroir. J'avais rajeuni d'une dizaine d'années. Je ressemblais à un Scandinave. Carlo ne reconnaîtrait jamais Luc H.

*

Confortablement étendu sur une couchette de train, je pensais enfin trouver le sommeil. Depuis la mort de Jade, je n'étais pas parvenu à dormir plus de deux ou trois heures d'affilée, mais, ce soir-là, dans l'express Paris-Vintimille, bercé par la mélopée des boggies sautant sur les rails, une impression de plénitude, de force et d'abandon mélangés me pénétrait. Oui, j'étais parti à la recherche de Carlo, et je ne doutais plus de mon courage de passer à l'action, je me sentais libéré, maître de moi-même, invincible. Cette bouffée de délivrance, je l'avais tout de suite perçue en montant sur le marchepied du wagon. J'avais eu la sensation d'être happé vers une nouvelle existence, de m'être relevé du tapis sur lequel Carlo, Mondinvest, Pignon et les juges m'avaient étendu, assommé. Je m'étais redressé avant qu'ils ne m'achèvent.

Je partageais mon compartiment avec un couple de jeunes Allemands. En arrivant, ils m'avaient salué d'un hochement de tête, ils avaient coincé leurs énormes sacs à dos sous la tablette de nuit en me forçant à allonger mes jambes sur la banquette que j'occupais en bas, puis ils avaient grimpé à l'assaut des deux couchettes supérieures, deux nids de souris d'où ils n'étaient pas redescendus. Le train roulait depuis une heure et ils ne dormaient pas. Ils parlaient et riaient à voix haute. Ne comprenant pas la langue allemande, je n'avais aucune idée de ce qui les amusait tant. Peut-être étaient-ils tout simplement excités de voyager en amoureux, loin de leurs familles... Peut-être était-ce la première fois de leur vie qu'ils partaient à l'étranger… Ma présence ne semblait pas compter pour eux, mais leur tapage ne me dérangeait pas. Au contraire ! Ce jeune couple me rappelait de douces images de Jade et moi sillonnant la Chine en train de nuit. Nous aussi, nous préférions voyager sur les couchettes supérieures. Perchés au-dessus des autres passagers, nous réussissions à nous isoler, à oublier le reste du monde. Allongés chacun sur notre couchette, nous donnant la main dans le vide, nous planions, ravis par une sorte d'ivresse, de pure exaltation. Nous nous sentions devenir fous d'amour l'un pour l'autre.

Vers vingt-trois heures, un contrôleur a ouvert la porte du compartiment. Il a demandé à voir nos billets, puis, en nous souhaitant bonne nuit, il a éteint la lumière. Une dizaine de minutes se sont écoulées sans que les Allemands ne donnent le moindre signe de vie, puis soudain, dans l'obscurité, j'ai cru deviner la silhouette de la femme qui se glissait sur la couchette de son ami. J'ai entendu des bruits de draps, de literie, accompagnés de chuchotements et de rires étouffés, et j'ai décidé de cacher ma tête sous mon oreiller.

J'enviais ces anges qui se serraient l'un contre l'autre sur une couchette de train, s'aimaient en fonçant à plus de cent kilomètres-heure dans la nuit. Ils avaient raison de profiter de leurs corps, je comprenais la furieuse envie qu'ils ressentaient. De nouveau, leur passion m'a rappelé l'irrépressible attirance à laquelle, Jade et moi, nous avions tant de fois succombé. Oubliant toute pudeur, nous avions souvent fait l'amour dans des trains de nuit chinois. Des dizaines de personnes avaient sans doute deviné ce que nous faisions. Peut-être s'étaient-elles moquées de nous… Peut-être nous avaient-elles jalousés… Qu'importait ! Nous avions été parfaitement heureux, blottis, unis sur une couchette de train.

Ce 7 septembre 2003, à cette heure, j'aurais dû être dans un lit, ou ailleurs, en train d'enlacer Jade si Carlo ne l'avait pas tuée. Mais je ne ferais plus jamais l'amour avec Jade.

Un flot de rage m'a submergé et est remonté vers ma bouche. Une nausée m'a soulevé le cœur. Je ne pensais plus qu'à Carlo, et j'avais soudain envie de vomir toute cette haine qui m'intoxiquait. Je ne désirais que redevenir un homme ordinaire et serrer Jade dans mes bras. Cela était impossible.

Des sueurs froides m'ont glacé le dos. J'avais cru vivre une sorte de délivrance en montant dans le train, mais je me sentais lourd et faible désormais. Je ressassais mes souvenirs, mes regrets et ma haine, et je n'en tirais aucune force, aucune sagesse. Mes idées tournaient en rond. Le couple d'Allemands m'avait fait penser à Jade et à l'amour, j'avais imaginé deux corps avides l'un de l'autre, unis, soudés dans la jouissance, et, finalement, cette communion me rappelait l'existence de Carlo.

Comment osais-je associer le mot amour à un homme tel que Carlo ?

Ce monstre avait fait l'amour à des dizaines et des dizaines de petites filles asiatiques ; il s'en était vanté. Il avait bien utilisé l'expression faire l'amour pour me raconter ses « exploits », je m'en souvenais. Mais en réalité, il avait juste forniqué comme un pourceau blanc de pédophile européen, il n'avait partagé aucun amour avec toutes ces gamines, il les avait consommées, défoncées, usées comme des jouets sexuels.

J'ai compris que je n'arriverais pas à le chasser de mon esprit et que je passerais une nouvelle nuit blanche. Je me suis remémoré dans quelles circonstances j'avais rencontré Carlo. Je ne savais pas pourquoi, mais les souvenirs resurgissaient avec une multitude de détails que je croyais oubliés.

Ma route et celle de Carlo s'étaient croisées à Pékin, en octobre 1983. Je logeais dans la grande salle commune d'un hôtel bon marché situé dans la banlieue est de la capitale chinoise, à l'arrière d'un canal ou d'une rivière. Un soir, Carlo était entré dans ce dortoir avec un petit sac à dos pendu à une de ses épaules. Il n'avait aucun autre bagage, il voyageait léger, comme moi. Il avait mon âge, une vingtaine d'années. Je ne me souvenais pas des habits qu'il portait ce soir-là, mais il ne ressemblait pas aux autres routards occidentaux, à tous ces babas cool qui sillonnaient l'Asie, crasseux et harnachés d'énormes sacs, comme s'ils avaient voulu partir au bout du monde avec leur maison sur le dos. Carlo n'avait pas leur mine grise et fatiguée par le voyage, et pourtant, comme il allait me l'apprendre, il arrivait d'Italie, il venait de descendre du Transsibérien, il avait avalé plus de dix mille kilomètres de train en une dizaine de jours. Son air décidé, sa manière de marcher à grandes enjambées, comme s'il ne posait pas les pieds à terre, m'avaient intrigué, et je m'étais réjoui qu'il choisît de s'installer sur le lit voisin du mien. Je ne connaissais pas l'italien, mais Carlo parlait le français, et nous avions aussitôt sympathisé en partageant une bière tiède qu'il avait sortie de son petit sac et qu'il m'avait proposé de boire avec lui au goulot, après avoir décapsulé la bouteille avec ses dents. C'était la première fois de ma vie que je voyais quelqu'un utiliser sa mâchoire en guise d'ouvre-bouteille. Dès les premières minutes de notre rencontre, Carlo avait ainsi réussi à m'impressionner. Il me souriait en bombant le torse, affectant une attitude virile de baroudeur.

J'aurais dû deviner que Carlo n'était pas un type bien, j'aurais pu me méfier de ce crâneur, mais, ce soir-là, j'avais apprécié de trouver de la compagnie, de pouvoir parler avec un jeune Européen qui ne fût pas un candide routard, émerveillé par tout ce qu'il voyait en Chine. Moi, je travaillais dans ce pays depuis cinq ou six mois, et je terminais un reportage déprimant sur la « campagne de lutte contre la criminalité » qui sévissait depuis la fin juillet 1983.

Mon meilleur ami chinois, un étudiant de l'université du Peuple, qui avait participé au premier Printemps de Pékin, en 1979, venait d'être arrêté par la police. Sa sœur m'avait expliqué qu'il avait été condamné sans jugement à trois ans de camp de rééducation par le travail pour détention de vidéos décadentes et pornographiques, ce qui pouvait consister, à l'époque, à posséder la cassette d'un film de James Bond, délit qui n'avait été qu'un prétexte pour donner une leçon à mon ami dissident. Il avait eu de la chance d'être puni par les flics du commissariat de son quartier sans être traîné devant un tribunal – ce qui était une pratique courante pour la police chinoise de rendre elle-même la justice sans offrir aucun droit à la défense, mais permettait en distribuant quelques pots-de-vin d'acheter une sentence clémente, voire d'étouffer une affaire. Mon ami avait peut-être ainsi échappé à la peine de mort, car, en trois mois, le gouvernement communiste avait fait exécuter cinq mille personnes.

La plupart d'entre elles n'étaient pas coupables d'homicides. Elles avaient commis des hold-up, des vols à la tire, s'étaient livrées à la contrebande, au marché noir, ou bien avaient mené une existence « décadente », à l'occidentale, contraire à la morale puritaine de la Chine maoïste.

Pour gagner du temps, les juges travaillaient à la chaîne en examinant, en expédiant, plusieurs dizaines d'affaires dans une même audience. Ces tribunaux populaires siégeaient dans des stades ou sur des places devant des foules d'écoliers et d'ouvriers. Certains procès étaient même retransmis à la télévision, tels des spectacles d'éducation juridico-socialiste. Par contre, les mises à mort se déroulaient le plus souvent à huis clos.

J'aurais voulu assister à une exécution, pour mieux témoigner contre cette campagne de répression. Néanmoins, je ne m'étais pas trop mal débrouillé en obtenant par l'intermédiaire d'un dissident le cliché d'une exécution dans un stade de football désert. Cette photo en noir et blanc représentait des soldats-policiers en train de flinguer six hommes devant une cage de but, elle était terrifiante, mais, en la publiant en ouverture de mon reportage, elle dénonçait la barbarie des communistes chinois mieux que n'importe quel discours.

À cette époque, le système judiciaire chinois me révoltait. Je militais pour la défense des droits de l'homme en Chine, je pensais que les Chinois avaient le droit de vivre eux aussi dans une démocratie libérale, semblable à celles qui existaient dans les pays d'Europe de l'Ouest. Vingt ans plus tard dans ce train Paris-Vintimille, je n'étais plus si sûr d'avoir eu raison de croire aux supposées vertus humanistes du libéralisme. La justice était-elle réellement mieux rendue en Occident ? Comment mon affaire de diffamation aurait-elle été jugée en Chine ? Dans quelles conditions mon exequatur aurait-il été accordé par des juges communistes ? Les sentences auraient-elles été les mêmes que celles prononcées en Italie, puis en France. Elles n'auraient pu être plus arbitraires, ni plus sévères.

En Chine, j'aurais peut-être eu droit à un avocat fantoche qui serait resté muet devant le tribunal révolutionnaire, de crainte de paraître s'opposer à la justice infaillible du peuple, mais, en Italie, je n'avais pas pu engager un avocat, je n'avais même pas été cité à comparaître, j'avais été jugé sans avoir le moindre droit d'interjeter appel. Ensuite, en France, mon exequatur avait été accordé comme une simple formalité, comme si l'on m'avait jugé et condamné d'avance. Et c'était le cas. Pour faciliter la libre circulation des décisions de justice et mieux lutter contre la grande criminalité et le terrorisme, le Marché commun n'avait-il pas créé cet espace judiciaire européen dans lequel les individus ne bénéficiaient plus a priori d'un droit à la défense ?

Méritais-je la mort ? Pourquoi pas ! En 1983, un tribunal chinois aurait pu me condamner à la peine capitale comme des milliers d'autres prétendus criminels endurcis. Quant aux juges italiens et français, ils avaient eux aussi prononcé un verdict de mort. Ils avaient tué ma femme. Telle était la réalité.

En Italie, puis en France, deux pays signataires de la Convention européenne des droits de l'homme, j'avais été privé d'un procès équitable, tout comme je l'aurais été en Chine communiste, où la mort aurait sanctionné ma faute. Le résultat était le même, seule la méthode différait. Mon affaire avait duré dix-neuf ans en Europe, elle aurait été bâclée en quelques jours en Chine. La procédure judiciaire des démocraties libérales était plus sophistiquée, plus raffinée, plus sournoise, elle torturait psychologiquement les citoyens, elle avait aboli la peine de mort en Europe, mais elle savait pousser les innocents au suicide. Je n'étais plus sûr de ne pas lui préférer la justice expéditive des communistes chinois. En punissant les justiciables avec une terrifiante diligence, les magistrats chinois se montraient-ils finalement plus humains, moins cruels ?

En 1983, je débutais dans le journalisme et n'avais aucune expérience du monde. Comment aurais-je pu ne pas être bouleversé par toutes les informations que j'avais recueillies sur la terreur qui ensanglantait la

Chine ? Elles me déprimaient, et j'étais content de bavarder avec ce Carlo qui venait d'arriver à Pékin. En sa compagnie, je m'évadais. Il ignorait tout de la campagne de répression, il ne me parlait ni des rafles de police, ni des procès expéditifs, ni des exécutions capitales, ni même de la Grande Muraille ou d'autres curiosités chinoises sur lesquelles se serait répandu un routard… Évidemment, Carlo n'était pas un routard. Carlo était un touriste sexuel.

Très vite, il m'avait avoué le but de son voyage :

– Je vais baiser des gamines aux Philippines. Et je vais me régaler ! Crois-moi, mon pote…

Il s'était exprimé ainsi, sans hésitation, sans montrer la moindre gêne devant l'inconnu que j'étais, comme s'il ne ressentait aucune mauvaise conscience de s'adonner à la pédophilie. Il aimait parler de lui, il ne semblait s'intéresser qu'à sa propre personne, qu'à son voyage, qu'à son plaisir. Moi, de mon côté, j'avais été lâche. Je m'étais bien gardé de le réprouver et ne lui avais pas dit non plus que je n'aimais pas être appelé « mon pote ». Je n'avais pas voulu le froisser, de crainte qu'il n'écourtât notre entretien. Ainsi, dès le premier soir, j'avais pris l'habitude de ne pas contredire Carlo et de me laisser appeler « mon pote », ce qui m'horripilerait de plus en plus. Je finirais par considérer Carlo comme un ami, mais pour lui je ne resterais qu'un pote, je ne deviendrais jamais son ami, tout simplement, et il existait bien une différence de sens que je mettrais vingt ans à comprendre : ami est un mot sérieux qui évoque le respect et la confiance, pote appartient au langage familier et s'utilise sans réfléchir, sans y attacher d'importance, tant et si bien qu'un homme tel que Carlo avait pu renier la parole qu'il m'avait donnée, à moi son pote. Il n'aurait peut-être pas trahi son ami.

J'avais choisi de ne pas critiquer Carlo car je voulais avoir de la compagnie. Je m'étais alors souvenu que la

Thaïlande avait la réputation d'être la destination de prédilection des touristes sexuels, mais je n'en savais pas plus, je n'avais jamais mis les pieds dans ce pays, ni aux Philippines d'ailleurs. Prenant un air candide, j'avais demandé à Carlo :

– Pourquoi vas-tu aux Philippines plutôt qu'en Thaïlande ?

– J'ai été trois fois en Thaïlande et deux fois aux Philippines. Bon, c'est vrai, en Thaïlande, des putes y en a plus qu'aux Philippines, mais elles coûtent plus cher, elles sont plus vieilles et elles parlent moins bien l'anglais. À Manille, crois-moi mon pote, c'est le paradis…

Et Carlo m'avait expliqué sa conception du paradis.

Manille était un jardin de délices sexuels, un lieu de bonheur parfait où il pouvait coucher avec deux ou trois filles différentes chaque jour. Il prétendait y réaliser le fantasme de tous les hommes, ce dont je doutais, mais je ne lui avais pas rétorqué que, personnellement, je ne rêvais pas de m'accoupler avec une multitude de femmes. Et plus Carlo s'était expliqué, moins j'avais partagé son idéal de vie qui consistait à user et à abuser d'autrui.

Carlo m'avait exposé pourquoi il préférait les prostituées des Philippines. Tout d'abord, elles étaient moins chères : une passe avec elles ne coûtait que deux ou trois dollars, c'est à dire trois à quatre fois moins qu'avec une Thaï, ce qui me semblait déjà un salaire de misère pour vendre son corps. Et surtout, il y avait la question de la jeunesse des filles. Carlo n'aimait pas coucher avec des « vieilles », mais il donnait à ce qualificatif un sens particulier : était vieille toute personne de sexe féminin qui avait atteint l'âge de la puberté. Pour justifier cette définition, il avait ajouté un argument dont la trivialité m'avait désarçonné :

– Ma mère est vieille et je la respecte comme une

sainte. Je ne peux pas bander pour une putain qui aurait le corps de ma mère.

À nouveau, je n'avais pas osé corriger Carlo. Il avait dû s'imaginer que je l'approuvais, que je désirais en apprendre plus sur le tourisme sexuel, ce qui n'était pas inexact... Les prostituées thaïs étaient donc trop vieilles à son goût, car la plupart d'entre elles avaient au moins quinze ou seize ans et du poil au pubis. Lui, il recherchait les gamines de dix à douze ans. Dans les rues, les bars et les centres commerciaux de Manille, il pouvait, prétendait-il, en « ramasser » autant qu'il voulait...

Dès le premier soir, Carlo m'avait à la fois dégoûté et fasciné. En tant que journaliste, j'avais eu de la chance de rencontrer un tel monstre. Pour pas cher et en toute impunité, il partait s'offrir des enfants sous le soleil des tropiques. Il appelait cela « passer des vacances » ! Je le considérais comme un pédophile type doté d'une solide expérience, et il pourrait me servir de guide aux Philippines tout en devenant le *héros*, le fil conducteur d'un reportage sur le tourisme sexuel, activité criminelle dont les médias occidentaux, au début des années quatre-vingts, commençaient à révéler l'existence, sans toutefois oser rapporter les faits en détail. Carlo m'offrait l'occasion de réaliser une enquête qui avait du sens. En dénonçant de visu les sévices qu'infligeaient certains Occidentaux aux petites Philippines, je me situerais au cœur de l'action. Mon témoignage serait plus percutant. Mon objectivité ne pourrait pas être mise en doute. Je servirais du mieux possible la cause des enfants du tiers-monde.

Ainsi était née mon envie de faire le portrait d'un pédophile ; ainsi, une semaine plus tard, j'étais parti avec Carlo aux Philippines ; ainsi je l'avais suivi dans les bas-fonds de Manille ; ainsi il m'avait donné l'autorisation de rendre publiques ses aventures de touriste sexuel, ce que j'allais me contenter de faire à mon retour en France, sans atténuer ni exagérer l'horreur des situations. À aucun moment, je n'avais soupçonné que, vingt ans plus tard, ce serait moi qui serait traîné, sali et condamné par la justice.

Carlo avait tout de suite accepté de devenir un sujet de reportage. Comme je l'ai déjà raconté, il s'était senti flatté de susciter tant d'intérêt. Il s'était enthousiasmé en songeant que des millions de Français liraient le récit de ses vacances. Grâce à lui, un jeune Italien, ils découvriraient une nouvelle conception de la sexualité et du paradis terrestre. Il avait espéré accéder à une forme de célébrité. Par contre, il avait douté que je fusse un vrai journaliste, travaillant pour un vrai magazine, à gros tirage. Un détail l'avait intrigué.

— Pourquoi habites-tu dans cet hôtel miteux, comme un routard fauché ? m'avait-il demandé. Les vrais journalistes descendent dans les palaces. Ils peuvent passer toutes leurs dépenses en notes de frais.

La remarque de Carlo était pertinente, même s'il s'illusionnait sur le niveau de vie des envoyés spéciaux. Moi, je logeais dans l'hôtel pour étrangers le moins cher de Pékin, où je payais l'équivalent de deux euros pour dormir dans un dortoir d'une dizaine de personnes. Pourtant, je disposais d'un budget suffisant pour m'offrir une chambre individuelle dans un trois ou quatre étoiles.

— C'est mon choix, avais-je répondu.
— T'es fou, mon pote !

Pour une fois, je n'avais pas pu lui laisser le dernier mot. J'avais cru bon de me justifier, de lui prouver que j'étais un vrai journaliste, qu'il devait me prendre au sérieux :

— Tu sais, un dortoir héberge toutes sortes de voyageurs. Ils ont peu d'argent mais passent beaucoup de temps à traîner dans les rues. Ils voient des choses, il y en a même qui traficotent. Ils constituent une formidable source d'informations pour un journaliste. C'est pour rencontrer des gens comme ça que j'habite toujours dans un dortoir quand je suis en reportage.

Je n'avais pas osé ajouter que c'était ainsi que je l'avais connu, lui, Carlo. Il n'avait pas semblé faire le rapprochement, il avait juste esquissé une moue avant de conclure :

— En tout cas, mon pote, ton truc pour rencontrer des gens, ça ne marchera pas aux Philippines. Si tu m'accompagnes là-bas, ne compte pas coucher dans un dortoir. Manille est le paradis du sexe, et il faut y prendre une chambre individuelle.

Carlo avait fini par admettre que j'étais bien un journaliste professionnel, mais il n'avait jamais entendu parler de l'hebdomadaire pour lequel je travaillais. La notoriété de cette publication française ne représentait rien pour lui. À Pékin, puis aux Philippines, avait-il sérieusement envisagé la diffusion et la portée de mon reportage ? De retour en Italie, avait-il été satisfait ou surpris de voir sa photo reproduite en pleine page d'un magazine ? J'avais juste respecté notre accord. Avait-il regretté de s'être laissé interviewer ? Avait-il pris conscience de ses crimes ? Avait-il été rongé par la honte et les remords ? Que s'était-il passé ? Pourquoi avait-il décidé d'engager un procès ? Ne pouvait-il au préalable m'écrire ou me téléphoner ? J'obtiendrais bientôt la réponse à toutes ces questions…

J'avais cru avoir de la chance en rencontrant Carlo, mais je n'avais eu que la malchance de croiser sa route. Ce reportage sur le tourisme sexuel ne m'avait procuré aucun avancement professionnel. Il était plutôt réussi, quelques lecteurs m'avaient même envoyé des lettres d'encouragement, mais, vingt ans après sa parution, personne ne s'en souvenait… mis à part Carlo et la justice. Comme je déplorais de m'être intéressé à ce pédophile un soir de déprime ! Sans le connaître, j'aurais suivi la même ligne de vie. J'aurais continué d'écrire des reportages, j'aurais épousé Jade, nous aurions conçu les mêmes enfants… Je ne devais rien à Carlo, mais lui, il avait tué ma femme.

Le train Paris-Vintimille s'est arrêté pendant une dizaine de minutes en rase campagne, puis il a roulé au ralenti.

J'ai consulté ma montre. Elle affichait quatre heures du matin, nous ne devions plus être loin de la Méditerranée, et j'ai effectué un rapide calcul mental. Durant sept heures, je n'avais pas cessé de penser à Carlo. J'avais ressassé mes souvenirs et mes regrets sans trouver aucun apaisement. J'étais épuisé, mais n'arrivais pas à dormir. L'obscurité et la chaleur du compartiment m'oppressaient. Je me suis levé et suis sorti dans le couloir.

Un courant d'air frais m'a ranimé. Je me suis assis sur un strapontin et ai allumé une cigarette. Le train a traversé une zone industrielle illuminée par des enseignes de publicité. Pendant quelques minutes, j'ai pris plaisir à me laisser éblouir par tous ces flashes de la société de consommation qui gaspillaient l'énergie électrique. J'ai collé mon front contre la vitre en essayant de ne penser à rien d'autre.

Impossible.

Dans quelques heures, je rencontrerais Carlo. Il ne soupçonnait rien. Il dormait dans son lit à cette heure-ci.

J'ai songé à la journée qui m'attendait. Quelle serait

la réaction de Carlo en me voyant ? Comment allais-je m'y prendre pour le tuer ?

Un doute m'a envahi. Carlo était-il vraiment aussi abject que je le croyais ? Mon jugement était-il trop sévère ou trop partial ? Carlo n'avait-il aucune excuse d'être ce qu'il était ? Il avait peut-être été maltraité dans son enfance... Comme tout homme, il était né honnête mais il avait appris à faire le mal, il s'était dégradé tout au long de son existence, tel un cours d'eau, pur à la source, de plus en plus pollué en s'écoulant vers la mer. Était-il responsable de ses crimes ? Devait-il être puni ou soigné ? Étais-je un salaud de vouloir exécuter un pédophile ?

J'ai essayé de me mettre à sa place. Je me suis demandé si, dans les mêmes circonstances, à la parution d'un reportage auquel je m'étais prêté, j'aurais intenté un procès en diffamation et en usurpation de mon droit à l'image. Je ne le pensais pas. Peu de gens auraient agi comme Carlo. Au cours de ma carrière, j'avais interviewé des centaines de personnes, certaines ne devaient pas être satisfaites du portrait que j'avais fait d'elles dans mes reportages, mais aucune ne m'avait traîné en justice. Carlo était une exception. Il n'avait pas eu le courage de me recontacter pour me dire en face ce qu'il me reprochait. Il s'était conduit lâchement, tout comme il assouvissait ses pulsions sexuelles, en achetant pour une poignée de dollars le droit de violer des enfants. La lâcheté n'était pas une maladie. Carlo n'avait aucune excuse.

Je me suis souvenu à quel point il se prétendait supérieur, à quel point il méprisait les autres, et en premier lieu les Français, peut-être justement parce qu'il vivait en Italie à une dizaine de kilomètres de la frontière française. Aux Philippines, il ricanait de moi. Pourquoi ? Parce que je refusais de coucher avec des prostituées.

– Vous autres Français, répétait-il, vous êtes tous des pédales.

Cette insulte constituait en fait le leitmotiv de ses réflexions anti-françaises, et il aimait ajouter une ou plusieurs pseudo-vérités :

– Français égal petite bite… Nous les Italiens, on n'est pas des couilles molles… Mon pote, as-tu entendu parler des beaux mâles italiens ? On a la cote avec vos femmes… On est connus dans le monde entier pour être les meilleurs amants.

Carlo essayait de me piquer au vif, mais j'encaissais en haussant les épaules. Je ne le mouchais pas, j'avais trop besoin de lui pour mon reportage, et puis je ne me sentais pas personnellement visé par ses considérations aussi machistes que stupides. Je supposais qu'elles révélaient l'existence d'une certaine francophobie dans la société italienne, ce qui me surprenait. Je ne devais pas généraliser le caractère d'un individu en l'attribuant à un peuple tout entier, mais était-il possible que Carlo fût le seul Italien à penser, à avoir inventé toutes ces vantardises xénophobes ?

Carlo ne manquait pas d'arguments pour tenter de me prouver la supériorité de son pays. Selon lui – et il se trompait souvent –, les Italiens, dignes héritiers de la civilisation romaine, avaient inventé le café express, le Nutella, les pâtes, le vermouth, la pizza, le parmesan, les crèmes glacées… et puis ils produisaient la meilleure charcuterie et les vins les plus fins. Carlo n'avait jamais mentionné la richesse du patrimoine artistique de l'Italie. Pensait-il que j'étais trop stupide pour m'intéresser à autre chose qu'à des questions de nourriture et de sexe ? Ou bien était-il lui-même trop inculte ?

Carlo n'avait pas réussi à m'humilier. D'ailleurs, en rédigeant mon article sur le tourisme sexuel, je ne m'étais pas laissé influencer par cette image négative que Carlo m'avait donnée de l'Italie à travers son comportement. Je n'avais pas mentionné sa francophobie. Cette information était hors sujet, et j'avais prétendu qu'il était allemand, afin de préserver son anonymat.

Je l'avais protégé et il m'avait trahi. Il avait violé des enfants, il avait tué ma femme, il représentait le degré zéro de l'espèce humaine. Je ne trouvais aucun mot assez dur pour le qualifier.

Non, je n'étais ni trop sévère ni trop partial de vouloir l'éliminer. Il n'y avait rien à ajouter.

Je suis arrivé vers dix heures du matin à Vintimille.

Je n'étais jamais venu dans cette ville, et je n'avais pas de carte pour me guider jusqu'à l'épicerie des parents de Carlo. Je savais juste qu'elle se trouvait au 12, via Roma, Latte, Vintimille. Je suis sorti de la gare et j'ai décidé de marcher au hasard.

Le centre de Vintimille ne ressemblait pas à l'Italie des brochures touristiques. Il n'y avait pas de linge pendu aux fenêtres, il n'y avait pas de labyrinthe de ruelles tortueuses et emmêlées, il n'y avait ni soleil ni vieilles maisons en pierre. Un ciel gris plombait des immeubles alignés le long d'avenues rectilignes où des embouteillages inextricables rendaient l'atmosphère suffocante et assourdissante. Des hordes de Français se ravitaillaient en pastis et whisky aux éventaires des magasins d'alcool qui encombraient à perte de vue les trottoirs.

En quinze minutes, je me suis fait une idée définitive de Vintimille. Ce bout d'Italie n'était qu'une ville frontière. Ses habitants vivaient d'une nouvelle forme de contrebande, autorisée depuis l'ouverture de l'espace économique européen. Ils s'adonnaient au commerce des marchandises qui coûtaient moins cher qu'en France. Je n'en revenais pas de voir tous ces Français ressortant des boutiques avec des sacs remplis de bouteilles d'alcool. Leur frénésie d'acheter m'impressionnait. S'approvisionner pour des années en apéritifs semblait être le seul but de leur voyage. Ils rentreraient en France chargés comme des contrebandiers, sauf qu'ils ne risqueraient rien, puisque les contrôles douaniers avaient été supprimés. Ils se réjouissaient sans doute que les États européens aient créé un espace de libre-échange, et cette idée m'a rappelé que les jugements circulaient également sans entraves entre l'Italie et la France.

J'ai repensé à Carlo. Il était né à Vintimille, au paradis de la contrebande. Il avait grandi dans ce vilain bazar où les habitants pensaient avec une calculatrice en guise de cerveau.

En sortant de la gare, j'aurais pu louer un taxi, mais je ne voulais pas courir le risque que le chauffeur se souvienne par la suite d'avoir transporté un Français jusque chez Carlo. J'ignorais toujours où et comment j'allais le tuer, cependant je devais prévoir le pire et m'entourer d'un maximum de précautions. Après la découverte de son cadavre, la police interrogerait peut-être les chauffeurs de taxi. Je préférais errer seul tout en me familiarisant avec la ville de Carlo.

Au bout d'une heure de marche, j'ai ressenti des crampes dans l'estomac et ma bouche s'est emplie d'une aigre salive. J'étais trop tendu pour avoir faim, toutefois je n'avais rien mangé depuis la veille. Je devais me forcer à avaler quelque chose. Je suis entré dans une boulangerie, ai commandé une part de pizza et, tout en payant, ai demandé à la caissière où se trouvait Latte.

La jeune femme a compris ma question. Elle parlait couramment le français. Elle m'a répondu tout en rendant la monnaie à un autre client, sans me prêter attention, sans perdre de temps à me dévisager. Elle ne se souviendrait pas de moi.

Latte était le nom d'un village en bord de mer, à cinq ou six kilomètres sur la route de la frontière française. J'ai aussitôt perçu le danger d'aller chercher Carlo dans un lieu isolé où tout le monde se connaissait.

J'ai réfléchi quelques secondes.

Je devais me rendre à Latte, je n'avais pas le choix. Je me suis de nouveau adressé à la caissière pour savoir s'il existait un moyen de transport jusqu'à Latte. Elle m'a lâché d'un ton sec, comme si elle désirait se débarrasser de moi :

– Les cars qui vont en France passent par Latte. Il y a un arrêt au bout de la rue, sur la droite. J'ai du monde à servir...

Je l'ai remerciée et suis sorti du magasin. J'ai trouvé sans difficulté l'arrêt du car. J'ai attendu une quinzaine de minutes en grignotant ma pizza.

Tous les sièges du car étaient occupés par des Français qui serraient entre leurs jambes des sacs remplis de bouteilles d'alcool. Ils rentraient au pays et discutaient bruyamment en comparant leurs achats. Ils riaient, ils semblaient satisfaits des quelques heures qu'ils avaient passées à faire leur shopping. Debout dans l'allée, j'évitais de croiser leurs regards. Je scrutais le paysage et les panneaux de signalisation routière pour repérer quand nous atteindrions Latte.

Personne n'a fait attention à moi. Un quart d'heure plus tard, la route atteignait la mer, puis nous sommes entrés dans la petite agglomération. Le car s'est arrêté devant une station-service. Je suis descendu.

Latte n'était qu'un égrènement de maisons le long de la route de la frontière. À l'extrémité de ce chapelet de constructions sans caractère, la station-service occupait une partie de la chaussée. Juste à côté, se dressait un bâtiment rectangulaire de deux étages coiffé d'un toit plat. Le rez-de-chaussée abritait un magasin d'alcool. Était-ce le commerce des parents de Carlo ?

Je n'avais aperçu aucune autre boutique en traversant Latte et, en 1983, Carlo m'avait dit qu'il habitait au-dessus de l'épicerie familiale, ce qui pouvait correspondre à la configuration de l'immeuble jouxtant la station-service. Carlo m'avait parlé d'une épicerie mais, après tout, ce mot servait peut-être à désigner aussi un négoce d'alcool, le plus banal de tous les commerces à Vintimille.

J'ai dépassé la station-service et me suis rapproché du magasin. Des automobiles immatriculées en France étaient garées devant. Au-dessus de la vitrine, où trônaient d'impressionnantes pyramides de bouteilles d'apéritifs, une guirlande lumineuse clignotait :

Liqueurs importées et vins fins à prix imbattables.

Je suis resté figé sur le trottoir. J'avais les mains moites. Quelque chose m'attirait vers ce magasin, mais j'étais tétanisé. Cette force me coupait le souffle, me terrifiait. Je savais pourquoi : je bouillais d'impatience de découvrir si Carlo se trouvait dans le magasin, et, en même temps, j'appréhendais notre rencontre. Carlo me reconnaîtrait-il ? Serait-il gêné, inquiet de me voir ? Comment devrais-je réagir ?

Je me suis astreint à respirer profondément. Je ne devais pas paniquer. Personne ne pouvait me reconnaître avec mes cheveux blonds et crépus, j'en étais sûr, et puis je ne me serais jamais pardonné de ne pas entrer dans cette boutique, de ne pas savoir si Carlo se terrait derrière cette porte en verre dépoli sur laquelle était peinte une bouteille géante de pastis.

Je n'avais plus rien à perdre. Il était trop tard pour faire demi-tour. J'ai essuyé mes paumes à l'intérieur de mes poches de pantalon, j'ai poussé la porte d'entrée.

Une forte odeur de vinasse et d'anis mélangés m'a picoté les narines. Tous les rayonnages du petit supermarché étaient garnis de bouteilles d'apéritif et de vin. Il y en avait des milliers et des milliers, des centaines et des centaines de marques différentes. En tête de chaque gondole, des caisses de pastis et de whisky étaient empilées en une montagne de la hauteur d'un homme. Une dizaine de clients, sans doute des Français, poussaient leurs caddies de rayon en rayon. Je n'ai pas perdu de temps à les observer.

À la caisse, derrière la porte d'entrée, se tenait une femme d'une cinquantaine d'années, boulotte, vêtue d'un chemisier défraîchi à petites fleurs mauves. Elle téléphonait. Elle s'est contentée de me lancer un sourire et je me suis avancé dans l'allée centrale, promenant mon regard sur les bouteilles. J'en saisissais une de temps à autre pour faire semblant de lire les étiquettes. Je cherchais Carlo.

Une tenture noire a remué dans le fond du magasin, puis un jeune homme mince est apparu poussant un diable chargé de cubitainers de vin. Il avait les mêmes joues rondes que Carlo, la même chevelure noire ondulée, le même nez épaté en prise de courant, les mêmes lèvres charnues. Était-ce Carlo ? Si c'était lui, il avait maigri. Son visage lisse et bronzé l'avait rajeuni d'une bonne dizaine d'années. Il semblait tenir une forme éblouissante. Il portait un jean, un tee-shirt blanc, des tennis. Il progressait vers moi d'une démarche souple en surveillant la marchandise sur son chariot.

Quand il m'a dépassé, un détail m'a frappé : cet homme était plus grand que moi. Pourtant, dans mon souvenir, je mesurais une tête de plus que Carlo. Était-il possible qu'il ait grandi ? Non. Alors, qui était-ce ?

En tous cas, la ressemblance avec Carlo était saisissante. Je me trouvais sans doute dans l'épicerie familiale. Il ne me restait plus qu'une seule chose à faire : demander au manutentionnaire où se trouvait Carlo. Peut-être travaillait-il dans l'arrière-boutique. Il en sortirait si je le faisais appeler, il viendrait à ma rencontre, mais j'ignorais ce que j'allais lui dire. Cependant, il ne me reconnaîtrait pas. Je ne voulais plus réfléchir. J'ai rattrapé le manutentionnaire. Je lui ai lancé par-dessus l'épaule, espérant que mon ton hardi lui laisserait croire que j'étais un ami de Carlo :

– Bonjour, avez-vous vu Carlo ?

Le manutentionnaire s'est retourné en écarquillant les yeux, puis il m'a répondu en français, sans aucun accent :

– Carlo ? Mais il n'est pas là. Il est en voyage.

– En êtes-vous sûr ?

J'ai aussitôt regretté d'avoir posé cette question. Je ne voulais surtout pas me montrer agressif, mais Carlo était absent et j'étais si déçu et si surpris que je n'avais pas pu me retenir de mettre en doute la parole du manutentionnaire. Il a froncé les sourcils et lâché :

– J'en suis sûr. Je suis son frère… Qui êtes-vous ?

Je ne savais pas quoi dire. J'ai gardé mon calme, faisant semblant de n'avoir rien entendu. J'ai grommelé :

– C'est bien ma veine. Je voulais voir Carlo. Quand reviendra-t-il ?

– Pas avant trois ou quatre mois. Il est parti avant-hier en Asie, comme chaque année à la fin de la saison touristique…

Le frère de Carlo s'est interrompu, réalisant peut-être qu'il parlait trop. J'avais donc manqué Carlo de peu et je m'en voulais de n'être pas venu à Vintimille quelques jours plus tôt. J'étais désemparé. Je restais debout au milieu de l'allée, bras ballants et bouche bée.

Sans aucune gêne, le frère de Carlo m'a considéré de la tête aux pieds, comme s'il me déshabillait du regard. Se méfiait-il de moi ? Il m'a toisé les yeux dans les yeux pendant quelques secondes. Soudain, un rictus mielleux a contracté son visage. Se forçant à sourire, il a dit :

– Que voulez-vous à Carlo ? Êtes-vous un de ses amis ou un client ? Je peux peut-être vous aider…

Son attitude et sa voix manquaient de sincérité. Il rusait, il s'imaginait qu'il suffisait d'être aimable pour me tirer les vers du nez. Il ne semblait pas aussi malin que son frère, mais je n'aimais pas du tout la tournure que prenait notre conversation. Je ne pouvais pas sortir du magasin sans lui répondre. Je devais me ressaisir, inventer au moins un mensonge plausible. Pour gagner du temps, je réfléchissais tout en parlant lentement :

– C'est vraiment ennuyeux. Je suis juste de passage pour la journée. J'habite à Nice. Carlo m'avait dit que je pouvais passer au magasin n'importe quand… Je ne sais pas quoi faire… Je lui dois de l'argent, je voulais le rembourser.

Ce mensonge n'était pas très original, mais j'étais sûr qu'il ferait son petit effet. Personne ne rembarrerait un homme qui proposait de régler une dette. En effet, le frère de Carlo a cessé de me considérer avec son sourire de commerçant malhonnête. Il m'a demandé en se caressant le menton :

– Combien devez-vous à Carlo ?

Je l'intéressais. J'ai senti que je pouvais exploiter mon mensonge pour en savoir plus, ce qui me servirait toujours. J'étais prêt à sacrifier une petite somme d'argent pour l'appâter et le faire parler.

– Je lui dois vingt-cinq euros. Ce n'est pas grand chose, mais les bons comptes font les bons amis.

– C'est bien vrai, a-t-il approuvé en esquissant cette fois un vrai sourire.
– Oui… Je suis passé la semaine dernière pour acheter deux bouteilles de whisky. J'ai voulu me servir de ma carte de crédit, mais en caisse votre machine n'a pas réussi à la lire. Comme je n'avais pas assez de liquide sur moi, votre frère m'a proposé de le payer la prochaine fois que je passerais à Latte. Il m'a donné son prénom, ainsi je pourrais le faire demander si je ne le voyais pas dans le magasin… J'ai apprécié qu'il me fasse confiance. C'est vrai, je passe régulièrement faire des achats. Carlo me connaît peut-être de vue, mais c'était tout de même très sympa de sa part. Je vais vous rembourser. Vous le remercierez encore quand il rentrera de voyage.

Le frère m'écoutait tout en marquant son assentiment par de petits signes de tête.
– D'accord. Vous n'avez qu'à régler cette affaire avec ma mère.

Et d'un geste de la main, il a désigné la caissière. Cette femme boulotte était donc la mère de Carlo. Ce changement d'interlocuteur m'arrangeait. Comme toutes les mères, elle devait s'inquiéter pour son fils parti au bout du monde. Je savais comment la faire parler.

Je me suis approché d'elle et lui ai répété tout mon mensonge, sans oublier de sourire et de la remercier. Puis, je lui ai tendu vingt-cinq euros pour rembourser ma prétendue dette. Tandis qu'elle empochait les billets, j'ai dit :
– Moi aussi j'aimerais bien voyager. Il a de la chance Carlo. Mais vous, vous devez vous faire du souci. Pour une mère, ce ne doit pas être facile de rester sans nouvelles de son fils pendant des mois.
– Vous avez raison. Il m'écrit bien de temps à autre, et moi je lui réponds, ainsi nous restons en contact, mais

je ne peux pas m'empêcher de m'inquiéter. Surtout pour sa santé. Il va aux Philippines en passant par la Russie et la Chine. Vous rendez-vous compte ? Au début de l'année, il y a eu en Chine l'épidémie de SRAS, cette grippe très grave dont les journaux et la télé ont tant parlé. Cette maladie a fait beaucoup de morts…

Je venais de toucher un point sensible. Cette femme mordait à mon appât. Elle se rongeait d'inquiétude. Elle avait envie de se soulager en parlant du voyage de son fils. Elle avait peur de perdre Carlo, mais, sans s'en douter, elle se faisait complice de son assassinat en me renseignant. Elle parlait trop, et je me réjouissais que Carlo eût une mère aussi stupide. Je haïssais cette femme boulotte qui vendait de l'alcool et avait enfanté un pédophile. Sans elle, Carlo n'aurait jamais existé. Elle était donc, elle aussi, responsable de la mort de Jade. Plus je la regardais, plus j'étais convaincu qu'elle était au courant du procès que son fils m'avait intenté, mais je ne pouvais rien lui dire sur ce sujet. Je m'efforçais de sourire, espérant qu'elle ne percevrait pas la nervosité et la haine qui me gagnaient.

Elle n'a rien remarqué.

Nous avons bavardé pendant une dizaine de minutes. Elle m'a appris ce que je voulais savoir. Carlo avait choisi de prendre le train pour aller en Chine. Dans quelques jours, il arriverait à Moscou. De là, le Transsibérien le conduirait à Pékin. Ensuite, Carlo rejoindrait Manille en avion. Elle lui écrirait à Pékin, puis à Manille. Elle adresserait ses lettres en poste-restante.

Ces informations me suffisaient.

J'ai salué la mère de Carlo et suis sorti du magasin.

Il crachinait. J'ai été obligé de m'abriter sous l'auvent de la station-service pour guetter le passage d'un car. J'ai attendu pendant plus d'une heure et suis arrivé à Vintimille en milieu d'après-midi. J'étais éreinté, je voulais rentrer chez moi au plus vite, mais le premier train à destination de Paris ne partait qu'en début de soirée.

La pluie avait cessé de tomber, ce qui n'était pas une raison suffisante pour tuer le temps en me baladant dans Vintimille. Je n'avais pas envie de revoir cette vilaine ville de contrebandiers, je n'avais plus rien à y faire, je ne tuerais pas Carlo ici. Je me suis installé au buffet de la gare et j'ai commandé un plat de spaghettis et une bouteille de Lambrusco.

Je n'étais pas mécontent de ma journée. Tout en dégustant le vin pétillant à petites gorgées, je me suis félicité d'être venu chercher Carlo à Vintimille. J'avais eu du flair. Il était toujours vivant et j'avais retrouvé son magasin. Il menait la même existence qu'autrefois. Il n'avait pas changé. Il conservait ses vieilles habitudes de touriste sexuel, qui, chaque année, en toute impunité, partait se soulager, se purger les organes génitaux sous le soleil des tropiques. Comme en 1983, il prendrait le Transsibérien pour se rendre en Chine. Je me rappelais qu'il aimait voyager en train. Il ne se sentait pas en sécurité dans un avion, alors il évitait d'utiliser les transports aériens chaque fois qu'il le pouvait. Il avait toujours aussi peur de perdre la vie. Carlo était resté le même.

J'étais naïf de me demander s'il avait modifié son comportement de pédophile en vieillissant. Pourquoi se serait-il amendé ? Comment aurait-il pu ne pas se sentir grisé d'impunité. La justice lui avait donné raison. Des juges européens, sans doute bedonnants et *bons* chrétiens, lui avaient fait gagner cent millions de lires, soit plus de cinquante mille euros, en récompense des viols qu'il avait infligés aux enfants d'Asie. Les tribunaux européens l'avaient non seulement encouragé, mais, en lui octroyant un tel pactole, ils avaient aussi financé ses voyages ultérieurs de touriste sexuel, comme s'il s'agissait de subventionner une action humanitaire. Vingt ans auparavant, Carlo, lui-même, se vantait de mener un « programme d'éducation sexuelle auprès des gosses des rues de Manille ». Finalement, il ne délirait pas en disant qu'il faisait le bien dans un monde où les corps impubères des petites Philippines étaient une marchandise sexuelle de premier choix. Ne lui avait-on pas donné raison ? Carlo n'était qu'un bon consommateur de sexe, pillant le tiers-monde sans vergogne. Il incarnait le Bien, moi j'étais le Mal. Mais j'aimais mieux être dans ma peau de condamné en justice que dans celle de l'honnête citoyen européen Carlo, puisqu'il allait bientôt mourir.

Grâce à sa mère, je disposais de deux nouvelles informations : Carlo arriverait à Pékin par le Transsibérien et il recevrait du courrier en poste restante.
Mais à quoi me serviraient ces détails ? J'étais arrivé deux jours trop tard à Vintimille sans avoir prévu de traquer Carlo jusqu'en Asie. Avais-je manqué de chance ? Je ne le croyais pas. L'étau s'était insensiblement resserré autour de Carlo. J'avais remporté une minuscule victoire, ce qui était encourageant. La sagesse me dictait de rebondir, de ne pas laisser passer la moindre occasion de poursuivre ma traque. Je devais m'adapter à la situation et me servir du peu que j'avais appris, tel un filet d'eau s'écoulant du haut vers le bas selon la configuration du terrain, profitant aussi de la moindre faille pour gagner de la vitesse. Je suivrais donc Carlo en Asie. Et je le coincerais à Pékin. Dans ma tête, les pièces du puzzle de sa mise à mort commençaient à s'ordonner.

La première fois que je m'étais rendu en Chine, en 1980, à l'âge de vingt ans, j'avais moi-même pris le Transsibérien afin de ressentir au fil des kilomètres, au gré des paysages traversés et des populations aperçues de gare en gare, le passage de l'Europe à l'Asie. Par la suite, je n'étais jamais retourné en Chine par le train, mais, je me souvenais que le voyage de Moscou à Pékin durait une semaine par le Transsibérien. Ainsi, Carlo n'arriverait pas avant une dizaine de jours en Chine, sans compter qu'il s'arrêterait peut-être en chemin dans une ville de Sibérie. En prenant l'avion, j'arriverais à Pékin avec au moins une semaine d'avance sur lui. Je pourrais l'attendre à sa descente du Transsibérien, ou bien le guetter devant le bureau de poste-restante de Pékin. Tôt ou tard, il viendrait y retirer le courrier de sa mère.

J'étais français, et je serais un étranger en Chine. Était-ce alors un projet insensé de prétendre mettre la main sur un Italien de passage dans le fourmillement humain d'une métropole telle que Pékin ? J'étais convaincu du contraire. Cette capitale chinoise, que je connaissais aussi bien que Paris, ma ville natale, était l'endroit idéal pour tendre mon traquenard. Après notre mariage, Jade et moi avions vécu pendant quatre ans chez ses parents, à deux pas de la place Tiananmen. J'avais appris le chinois mandarin en même temps que l'argot local. Je connaissais si bien la ville que je pouvais me déplacer en autobus sans consulter de plan, tout comme un vrai Parisien ne se perdait jamais dans le métro, connaissant par cœur les lignes et les correspondances qu'il devait emprunter pour se rendre d'un endroit à l'autre.

Et ce n'était pas tout.

À Pékin, j'avais toujours de la famille. J'avais même

plus de famille à Pékin que dans le reste du monde entier : des beaux-parents, trois belles-sœurs et autant de beaux-frères, une joyeuse ribambelle de nièces et de neveux, sans compter une foule de tantes, d'oncles et de cousins… Mais je n'avais pas revu toutes ces personnes depuis deux ans, depuis mon dernier voyage en Chine avec Jade et nos deux filles. Je ne leur avais pas non plus téléphoné ni écrit en août pour leur annoncer le décès de Jade, car je n'en avais pas eu la force. J'avais également redouté de m'exprimer en chinois d'une manière gauche ou trop directe, de manquer de tact et de vocabulaire pour ménager leur peine, ou même de me tromper dans la prononciation de certains mots, ce qui aurait créé un malentendu. J'avais décidé d'attendre l'occasion de me rendre à Pékin pour leur apprendre de vive voix l'inacceptable tragédie.

Je devrais donc commencer par tout leur raconter… et je prévoyais leur réaction. Ils haïraient Carlo, ils se feraient un devoir de venger la mort d'une fille de leur clan en supprimant Carlo, ce sale métèque de Blanc. La conscience d'appartenir à une tribu familiale, la cohésion et la protection de celle-ci étaient des vertus sacrées dans l'esprit des Chinois, un peuple nourri par plus de deux mille ans de confucianisme. En un mot, le culte de la famille était la religion traditionnelle de la Chine, et le devoir de solidarité clanique serait exacerbé par le sentiment de fierté nationale et de supériorité ethnique qui habitait chaque Chinois.

Comme l'immense majorité de leurs compatriotes, les membres de ma famille étaient racistes, ils méprisaient les Blancs et les Noirs. Au début de mon mariage, ils m'avaient considéré comme un métèque, ils m'avaient beaucoup fait souffrir, mais s'étaient habitués avec le temps à la couleur de ma peau. Ils avaient fini par m'accepter comme un membre à part entière de leur clan. Par contre, comment pourraient-ils endurer qu'un métèque tel que Carlo ait tué Jade ?

Je me surprenais à nourrir de telles pensées. Moi qui avais tant critiqué le racisme chinois, je commençais à me réjouir que les Chinois fussent si xénophobes. Je pouvais compter sur eux pour faire la peau à Carlo. Je ne serais pas seul.

Et encore, ce n'était pas tout.

À Pékin, malgré la dimension impressionnante de cette mégapole asiatique, un seul bureau de poste était habilité par la dictature communiste à recevoir du courrier en poste-restante. Je connaissais ce grand bâtiment rectangulaire, situé dans le quartier moderne des ambassades, à Jianguomen – « la Porte de la reconstruction nationale » –, je savais comment fonctionnait le service de poste-restante. Je l'avais déjà utilisé. Les coffrets contenant les lettres en attente étaient posés sur un comptoir à la libre disposition du public. Ainsi chacun y fouillait et y piochait lui-même son courrier sans être importuné par un postier. Il était facile de dérober une lettre qui était adressée à autrui, il serait encore plus simple de repérer quels coffrets contenaient le courrier de Carlo. Il me suffirait d'attendre qu'il passe le chercher. Même s'il ne ressemblait plus au jeune homme de 1983, je le reconnaîtrais quand il retirerait les lettres adressées à son nom. Alors je l'approcherais, ou bien je le suivrais, je le filerais jusqu'à son hôtel… J'ignorais ce que je ferais ensuite, mais je savais au moins que je ne le confondrais pas avec quelqu'un d'autre en le voyant retirer du courrier à son nom. Je ne risquerais pas de me tromper de personne. C'était très important pour moi. Je voulais être sûr de mon coup.

Oui, plus je réfléchissais, plus ce bureau de poste de Jianguomen semblait être l'endroit adéquat où retrouver Carlo. Il n'y avait jamais beaucoup de monde dans cette poste. Là, il ne m'échapperait pas. En revanche, dans la grande gare ferroviaire de Pékin, parmi la foule des voyageurs descendant du Transsibérien, il me serait impossible d'identifier un homme que je n'avais pas revu depuis vingt ans.

Ma décision était prise. Je partirais en Chine au plus vite. Une fois là-bas, je peaufinerais mon plan avec les membres de ma famille. Si, par malchance, nous rations Carlo à Pékin, rien ne serait perdu. Je tenterais de le retrouver à Manille, même si l'entreprise semblait plus difficile. J'avais une vague idée des endroits où il irait draguer, où je le retrouverais, mais je ne pourrais compter sur l'aide d'aucun ami, d'aucun parent, car je ne connaissais personne aux Philippines.

Je devais donc tout mettre en œuvre pour tuer Carlo en Chine.

Troisième round

En Chine

Je me suis envolé de Roissy à destination de Pékin trois jours plus tard, deux ans jour pour jour après les terribles attentats aériens du World Trade Center à New York. La coïncidence ne m'a pas troublé, car ce jeudi 11 septembre 2003 a été pour moi une de ces merveilleuses journées où je me sentais bien dans ma peau, parfaitement confiant dans l'avenir, où j'avais l'impression que le monde avait été créé pour moi et que je réussirais dans tous mes projets. Je me croyais invincible, même indestructible ou immortel, parce que l'univers tout entier n'aurait su exister sans moi. Je n'avais pas éprouvé une telle exaltation depuis des années, depuis l'époque où je travaillais comme journaliste, grisé par les voyages et la quête de l'information. De nouveau, j'avais le sentiment d'être le chef d'orchestre de mon destin. Je partais de ma propre volonté, laissant derrière moi cette société occidentale qui me condamnait. Ses juges et ses lois n'avaient pas réussi à m'asservir, à m'écraser. Dorénavant, ce serait moi qui déciderais de ma vie, moi seul. Ce serait moi qui déciderais du sort de Carlo, moi seul.

J'avais pris le train de Vintimille à Paris le soir du 8 septembre. En arrivant chez moi le lendemain matin, je n'avais pas ouvert ma boîte aux lettres. J'aurais sans doute dû vérifier qu'elle ne contenait pas un courrier de mon avocate ou de Pignon, mais mes problèmes juridiques ne me préoccupaient plus du tout. Je n'avais reçu aucune nouvelle depuis un mois… et n'avais aucun besoin d'en recevoir. Je ne voulais plus rien savoir des suites de mon affaire. Aucun juge, aucun avocat ne pourrait réparer ni aggraver la punition qui m'avait été infligée en acculant Jade au suicide.

De retour à Paris, je n'avais eu que le temps de préparer mon départ en Chine. Le matin du 9 septembre, je m'étais donc reteint les cheveux en brun avant de me précipiter au consulat chinois pour y demander un visa. J'avais souvent eu affaire aux gratte-papier de la dictature maoïste, aussi paresseux que suspicieux ; néanmoins, pour une fois, j'avais eu la chance d'être reçu par une fonctionnaire à l'écoute de mes problèmes. Cette Chinoise entre deux âges s'était émue en apprenant que je devais me rendre à Pékin d'urgence pour notifier le décès de ma femme à sa famille. Elle m'avait présenté ses condoléances avant de me délivrer sur-le-champ un visa, une formalité qui nécessitait d'ordinaire plusieurs jours.

L'après-midi, je m'étais rendu dans une agence de voyage du quartier des Halles. Mais aucune place bon marché n'était disponible sur les vols à destination de Pékin avant le début du mois d'octobre, même en transitant par Londres, Francfort ou Amsterdam. Je ne pouvais pas attendre, je devais arriver en Chine avant Carlo. Contraint de partir, coûte que coûte, dans les deux ou trois prochains jours, j'avais finalement acheté un billet plein tarif sur Air France. J'avais payé un peu plus de deux mille cinq cents euros pour un aller simple Paris-Pékin, ce qui représentait quatre fois le prix habituel d'un aller-retour sur ce trajet. Cette dépense m'avait laissé indifférent. J'étais ruiné par ma condamnation en justice. Pourquoi aurais-je dû faire des économies ? Pour payer ma dette à l'assureur Mondinvest ? N'étais-je pas devenu aussi libre de vivre sans compter que de tuer qui je voulais ?

J'avais décidé d'emporter en voyage le maximum d'argent, même si je savais que la vie ne coûtait pas cher en Chine, d'autant que je serais hébergé par ma famille. Le lendemain, le 10 septembre, j'étais donc passé à ma banque, à la poste et à la Caisse d'épargne où j'avais vidé mes comptes et mon livret A, ainsi que ceux de Jade. Je ne les avais pas fait clôturer après son décès et je conservais toujours une procuration. J'avais réussi à réunir près de six mille euros en billets de cent et de cinq cents, ce qui n'était pas si mal. Je me réjouissais aussi en pensant que Pignon ne mettrait jamais la main sur cette liasse. J'étais allé ensuite embrasser mes filles et mes parents. J'avais passé l'après-midi avec eux, avouant juste à ma mère et à mon père que je partais en Chine pour annoncer le décès de Jade à sa famille. Ils n'avaient pas besoin d'en savoir plus, de devenir complices du meurtre de Carlo.

Durant ces deux journées qui avaient précédé mon départ, j'avais agi de sang-froid, organisé mon voyage étape par étape, sans états d'âme, sachant exactement ce que je devais faire et pourquoi je le faisais. Je n'avais rien éprouvé de spécial en préparant l'assassinat d'un homme, j'étais devenu un monstre, une machine à tuer, et je ne le regrettais même pas. J'avais retrouvé la sérénité.

Le vol Air France 128 de Paris à Pékin, sans escale, durait dix heures. Je n'avais toujours pas réussi à dormir une nuit entière depuis la mort de Jade, mais je ne ressentais plus ma fatigue dans l'avion. Était-ce dû à la pressurisation de la cabine ?

J'avais très soif. Chaque fois que les hôtesses passaient dans l'allée avec un plateau de boissons, je me faisais servir un gobelet de Coca. Je buvais le liquide en deux ou trois gorgées, puis je m'amusais à faire rouler sur ma langue les cubes de glace fondante qui restaient au fond du gobelet. Je ne voulais pas consommer d'alcool afin de garder toute ma lucidité. J'attendais avec impatience de débarquer à Pékin, je ne pensais à rien.

Assis près d'un hublot, je m'abandonnais en regardant à l'extérieur, me laissant éblouir par la mer de nuages cotonneux que survolait le Boeing 747. Je n'avais pas la tête à bavarder avec ma voisine, une Française d'une vingtaine d'années qui se rendait pour la première fois en Chine, mais cette jeune femme ne l'entendait pas ainsi. Elle avait bu deux petites bouteilles de champagne, et tout cet alcool ingurgité à dix mille mètres d'altitude dans un espace confiné et pressurisé, produisait un effet surprenant sur elle. Au lieu de l'assoupir, le champagne la faisait pétiller d'excitation et lui déliait la langue. Toutes les cinq minutes, elle me sortait de ma rêverie en m'adressant la parole pour un oui ou un non.

Elle m'a demandé trois ou quatre fois l'heure qu'il était, combien de temps durerait le vol, quel était le décalage horaire entre Paris et Pékin, quel était le cours du yuan, la monnaie chinoise... Quand elle a deviné que j'avais fait de nombreux voyages en Chine, elle m'a bombardé de questions de plus en plus personnelles, comme si elle s'intéressait à moi, en me souriant et en appuyant son coude contre mon avant-bras, comme si elle essayait de me draguer. Je ne savais pas ce qu'elle recherchait exactement, mais nous avions encore de longues heures à passer l'un à côté de l'autre avant d'atterrir à Pékin. Le minimum de savoir-vivre dont j'étais encore capable m'interdisait de la prier de me laisser tranquille. Alors je me suis résigné à lui donner des informations sur la vie quotidienne en Chine. J'ai été obligé de lui parler de ma belle-famille et de ma femme, sans toutefois mentionner que celle-ci était morte. Ma jeune voisine m'a écouté avec émerveillement, buvant mes paroles comme elle consommait le champagne, sans modération. Elle s'est enthousiasmée à un tel point qu'elle m'a même pris la main pendant un moment.

Elle s'appelait Audrey. Elle venait d'obtenir une maîtrise de psychologie, et avait été engagée par un institut international de sondages afin de réaliser une étude de marché sur les habitudes alimentaires des Chinois. Un tel sujet m'ennuyait, il manquait d'exotisme à mon goût, celui d'un homme qui avait vécu dix-sept années avec une Chinoise. Je ne lui ai demandé aucune précision. De toute façon, Audrey m'a dit d'elle-même qu'elle ne savait rien de plus du travail qui l'attendait à Pékin. Elle ne connaissait rien sur la Chine, mais répétait que tout était « grandiose » dans ce pays et qu'elle avait eu de la chance de trouver ce job d'enquêteur en sortant de l'université. Tout la contentait, même son salaire – le SMIC plus les frais de voyage –, car elle ne partait pas en Chine pour gagner de l'argent, mais pour découvrir le monde.

Audrey avait de petites dents éclatantes de blancheur, un nez en trompette et des cheveux roux en brosse qui lui donnaient une frimousse espiègle. Elle portait un blouson en jean et un short groseille très court qui moulait ses cuisses nues, l'ensemble soulignant son caractère extraverti. En d'autres circonstances, je l'aurais trouvée assez attirante, j'aurais été flatté qu'une aussi jeune femme essayât de me séduire.

J'aurais bu du champagne avec elle, j'aurais ri, j'aurais pris plaisir à me faire allumer.

Son exubérance, sa naïveté et ses attouchements ne m'auraient peut-être pas tant agacé si je n'avais pas soupçonné qu'elle se méprenait sur mon compte. J'étais un veuf inconsolable, un condamné obsédé par la haine. Je n'étais pas un type fréquentable pour une fille comme elle, mais elle ne s'apercevait de rien. J'ai soudain compris qu'elle ne remarquait même pas ma froideur parce qu'elle avait trop bu. J'ai eu l'impression d'abuser d'elle, et honte de moi.

Quand elle m'a demandé quelle profession j'exerçais, je n'ai pas voulu lui mentir. Mais je n'ai pas tout de suite répondu. Il m'a semblé préférable de cacher que j'étais journaliste ou écrivain : je redoutais d'exciter sa curiosité. J'avais envie de lui dire que j'étais tout simplement un ouvrier, ce qui, en y réfléchissant, n'était pas inexact. Les écrivains étaient bel et bien des ouvriers du livre, des travailleurs manuels qui fabriquaient des romans et des essais en tapant sur un clavier des mots, les enchaînant l'un à l'autre, tout comme les maçons construisaient des maisons en assemblant des pierres. Toutefois, je me suis retenu de prétendre que j'étais un ouvrier, craignant de ne pas être crédible.

– Je travaille dans une maison d'édition, ai-je dit.
– Laquelle ?
– Les éditions de l'Arche.

Je n'ai pas eu l'impression de mentir en répondant que je travaillais pour cet éditeur. Il avait publié mes trois derniers livres.

– Je connais de nom les éditions de l'Arche, a lancé Audrey d'un air impressionné... C'est un grand éditeur.

Audrey n'a pas cherché à savoir quel poste j'occupais aux éditions de l'Arche. Ce que je venais de dire l'a faite bizarrement repenser à la Chine. Elle était trop excitée par son voyage pour se concentrer sur un autre sujet plus d'une ou deux minutes.

— Vous qui connaissez si bien la Chine, vous pourriez écrire un bouquin sur ce pays, a-t-elle suggéré. Vous êtes bien placé, en travaillant dans une maison d'édition.

Elle a prononcé ces phrases en souriant, sans se douter du mal qu'elle me faisait. J'avais écrit des dizaines de reportages sur la Chine, mais je ne tirais plus aucune fierté d'être journaliste ou écrivain. Je n'étais pas un raté, j'étais pire que cela. En me conseillant de me faire publier, Audrey me rappelait que, précisément, à cause de ce que j'avais écrit et photographié, j'avais été condamné en justice au nom du peuple, que ma femme s'était suicidée et que je préparais l'assassinat d'un homme. Je n'avais pas la force d'avouer la vérité à Audrey. Pour la première fois, je lui ai menti :

— Je ne suis pas capable d'écrire un livre.

Elle m'a regardé d'un air déçu, comme si, soudain, elle n'avait plus une aussi haute idée de moi, comme si l'effet du champagne commençait à s'estomper.

— Dommage, a-t-elle lâché, coupant court à notre conversation.

S'écartant de moi, elle a incliné son siège et fermé les yeux. Elle a dormi jusqu'à la fin du voyage.

Ce qui m'était arrivé pouvait arriver n'importe quand à n'importe qui, à elle aussi. Personne ne peut imaginer que, dans notre monde progressiste, il suffit de commettre une seule fois une petite négligence pour être broyé sans aucun droit de se défendre. Poussé à bout, n'importe quel homme peut devenir un dangereux fauve, un criminel, un terroriste… Si Audrey avait su que sa paisible existence pouvait être brisée du jour au lendemain, aurait-elle dormi tranquillement en attendant de poser le pied en Chine ?

*

Le lendemain matin, l'avion a atterri à Pékin.

J'ai franchi les contrôles policiers et douaniers en une trentaine de minutes, puis ai changé cinq cents euros en yuans au comptoir d'une banque et suis sorti de l'aéroport vers neuf heures et demie, heure locale. J'ai hélé un taxi et prié le chauffeur de me conduire dans le centre de Pékin, devant Quanjude, le célèbre restaurant de canard laqué. Mes beaux-parents habitaient tout près, dans la ruelle des Grandes Oreilles, une voie étroite où les taxis n'aimaient pas s'aventurer. Je me suis souvenu de ce détail tout en me demandant combien de temps il me faudrait pour me réadapter à la vie chinoise.

Je n'étais pas revenu à Pékin depuis deux ans, mais quand le taxi a quitté l'autoroute proche de l'aéroport et s'est engagé sur le premier boulevard périphérique, j'ai reconnu les buildings, les ponts, les stations d'autobus et de métro, les carrefours où la circulation automobile formait les mêmes embouteillages qu'autrefois. Je retrouvais mes repères. Il m'a semblé que je n'avais jamais quitté Pékin.

Le taxi a longé le quartier des ambassades, puis j'ai aperçu avec soulagement la bâtisse grise de la poste de Jianguomen où j'avais prévu de guetter Carlo. Elle n'avait pas été démolie ni transformée en centre commercial comme tant d'immeubles en Chine, depuis la libéralisation de l'économie sur le modèle de la société occidentale de consommation.

Quand le taxi s'est arrêté devant le restaurant Quanjude, il était déjà onze heures. J'ai payé le chauffeur et suis descendu de la voiture, respirant, savourant à pleins poumons l'air vicié de la capitale chinoise. J'étais bien de retour à Pékin. Sans hésiter, j'ai traversé la grande rue en courant pour ne pas me faire écraser, puis je me suis enfoncé dans un dédale de venelles où une foule sans nombre fourmillait. Je marchais vite, connaissant par cœur le chemin qui menait à la ruelle des Grandes Oreilles. Plusieurs fois, j'avais demandé à Jade pourquoi cette petite voie s'appelait ainsi, mais elle n'avait jamais pu me répondre avec précision. C'était juste un nom de rue comme un autre dans ce quartier de masures, l'un des plus anciens et des plus sales de Pékin, où les habitants n'avaient ni toilettes ni même l'eau courante. Mais pour les touristes étrangers, cet îlot insalubre était un lieu pittoresque, un vestige de la Chine d'autrefois, situé dans le prolongement de la Cité Interdite et de la place Tiananmen, la plus grande du monde avec ses quarante hectares de dalles, l'endroit-même où l'armée communiste aurait massacré plusieurs milliers d'étudiants le 4 juin 1989. C'était dans ce vieux quartier de Qianmen, à deux pas du centre symbolique de la Chine, que Jade était née et avait grandi. C'était là, au 15 de la ruelle des Grandes Oreilles, dans une maisonnette en briques grises de deux pièces minuscules et sans sanitaires, que nous avions vécu quatre ans avec ses parents.

En 1996, la mère de Jade avait succombé à un cancer des poumons, et mon beau-père s'était remarié en 1998 avec une femme qui avait une dizaine d'années de moins que lui. Ils touchaient chacun une maigre retraite d'anciens cheminots qu'ils jouaient au mah-jong avec leurs voisins. Malgré leur âge, il leur arrivait de rester plus de vingt-quatre heures d'affilée autour d'une table de jeu, ne buvant que du thé au jasmin pour se tenir éveillés.

Je me suis demandé si mes beaux-parents n'étaient pas sortis jouer tous les deux en cette fin de matinée. Cette éventualité a commencé à me tracasser, car je n'avais aucune idée de l'endroit où je pourrais aller les chercher s'ils n'étaient pas chez eux. S'en m'en rendre compte, j'ai accéléré le pas, tant et si bien que j'ai atteint à bout de souffle le numéro 15 de la ruelle des Grandes Oreilles. Sans attendre, j'ai poussé la grande porte à double battant et me suis glissé dans une impasse bourbeuse d'un mètre de large. Mes beaux-parents habitaient tout au fond de ce boyau bordé de masures aussi lépreuses que la leur. Pendant ces cinquante derniers mètres de marche, j'ai senti de façon physique que je posais les pieds dans un autre monde. En me faufilant entre les vélos, le linge grisâtre qui séchait sur des cordes, les seaux d'ordures et tout un fatras de vieux cartons, de planches, de plastiques et de ferraille, je pénétrais dans la Chine profonde, dans une dure réalité où les gens avaient l'habitude de lutter au quotidien pour survivre à la misère et où la pitié n'existait pas pour les criminels, la dictature maoïste détenant le record mondial du nombre d'exécutions chaque année. J'ai pris conscience que ma vie basculerait définitivement quand j'apprendrais le suicide de Jade à sa famille. Il ne serait plus possible de pardonner Carlo, de renoncer à se venger de ce métèque qui avait tué une Chinoise.

Assis sur un tabouret devant son logement, mon beau-père mordait dans une belle tranche de pastèque quand il m'a vu arriver. Il s'est levé en écarquillant les yeux et s'est avancé à ma rencontre. Il était un peu plus grand que moi. Son corps ne s'était pas voûté malgré l'âge, mais il me semblait qu'il avait maigri. Il rayonnait pourtant de vitalité. Il portait un short gris et une chemisette verte déboutonnée. Il s'était fait raser le crâne et laissé pousser une moustache blanche qui mettait en valeur son visage buriné.

Ce vieux Chinois m'inspirait le plus profond respect. Je me sentais comme un gamin devant ce témoin de l'histoire chaotique de la Chine contemporaine. Né en Mandchourie, il avait grandi sous la colonisation japonaise. Adolescent, il avait assisté à la conquête du pouvoir par les communistes et à la fondation de la Chine Nouvelle, puis était descendu travailler à Pékin, où il s'était marié et avait eu quatre enfants. Il avait failli mourir de faim pendant le Grand Bond en Avant, il avait connu la Grande Révolution culturelle prolétarienne et, enfin, l'ouverture économique. En soixante-neuf ans d'existence, il avait subi beaucoup d'épreuves, mais il semblait rajeunir à chaque fois que je le revoyais. Il ne m'a pas serré la main et n'a pas essayé de m'embrasser, ce qui ne m'a pas étonné car de tels gestes d'affection étaient inutiles et même incongrus en Chine entre les membres d'une famille.

– Hé, Luc ! a-t-il lancé en me souriant. C'est toi… T'es de retour à Pékin… Où est Jade ? Et les enfants ?

Selon la coutume chinoise, je devais appeler mon beau-père « Papa ». Je lui ai répondu sans détour :

– Papa, j'ai une très mauvaise nouvelle à vous annoncer. Ne restons pas dehors.

Il n'a réclamé aucune explication. Il m'a fait signe de le suivre et nous avons pénétré dans la première des deux pièces en enfilade qui constituaient son logement depuis cinquante ans. L'endroit était tel que je me le rappelais. Des calendriers et des posters représentant des femmes en sous-vêtements et des paysages tropicaux décoraient les murs moisis ; derrière la porte d'entrée, deux serviettes élimées étaient accrochées à un clou au-dessus d'un petit lavabo en béton ; dans le fond de la pièce, des couettes crasseuses, des valises et des cartons étaient empilés sur un lit en métal, ce même lit où j'avais dormi pendant des années avec Jade et sous lequel était toujours glissé le vieux pot de chambre familial en fer émaillé ; juste devant, sur une table pliante en formica, trônaient un thermos et des gobelets à thé en porcelaine.

Papa est allé chercher une chaise dans l'autre pièce pour s'asseoir à la table, je l'ai imité en m'installant sur le lit. Il n'a rien dit et s'est contenté de nous servir machinalement du thé, comme l'exigeait l'hospitalité chinoise. Puis il m'a fixé dans les yeux, et j'ai dû parler :

– Papa, Jade est morte…

J'ai raconté comment et pourquoi Jade s'était suicidée, je n'ai omis aucun détail. Papa m'a écouté sans m'interrompre, comme s'il était pétrifié sous le coup d'une douleur trop forte. Il a blêmi, et, pour la première fois depuis dix-sept ans que je connaissais ce vieillard qui avait enduré la guerre, la révolution et la famine, j'ai vu des larmes mouiller ses yeux. Je n'ai pas su quoi dire pour le consoler. Je n'ai pu que lui promettre de venger Jade.

Papa a baissé la tête d'un air totalement abattu. Je lui avais tout raconté. J'attendais qu'il me dise quelque chose, au moins ce qu'il pensait de ma décision de liquider Carlo, mais il ne l'a pas fait. Il s'est redressé en reniflant et en s'essuyant les yeux du revers de la main, puis il a lâché d'un ton sec :

– Luc, tu restes ici. Je vais téléphoner au frère et aux sœurs de Jade pour qu'ils viennent à la maison. Nous discuterons de tout ça ensemble.

– D'accord.

Et il est sorti, m'abandonnant en plein désarroi, ne sachant pas s'il en voulait à Carlo ou à moi-même. Peut-être considérait-il que j'étais également responsable de la mort de sa fille ?

Il n'y avait pas le téléphone à la maison, toutefois un poste public était installé juste à l'entrée de la ruelle des

Grandes Oreilles, dans une petite épicerie. Papa ne m'a pas laissé seul plus d'un quart d'heure.

De retour à la maison, il ne m'a pas adressé la parole. Il ne m'a même pas regardé, il est allé dans l'autre pièce du logement, celle qui lui servait de chambre. J'ai entendu qu'il s'allongeait sur le lit, puis j'ai senti la fumée de la cigarette qu'il venait sans doute d'allumer. Que pouvais-je faire ? Son attitude me surprenait. En même temps, elle me rappelait que Papa était un homme timide et taciturne, qui restait parfois pendant des jours sans prononcer un mot. Ses silences ne signifiaient pas qu'il boudait.

J'ai attendu une dizaine de minutes, le laissant finir sa cigarette, puis je me suis hasardé à lui demander d'une voix assez forte, afin qu'il pût m'entendre dans l'autre pièce :

— Papa, est-ce que ça va ?

— Ça va…

— Voulez-vous boire du thé ?

— Non, merci… Repose-toi. Le frère et les sœurs de Jade viendront vers dix-sept heures, avant que je parte au travail. Si tu veux manger, il y a des raviolis dans le réfrigérateur, fais-les réchauffer. Moi, je n'ai pas faim.

— Moi non plus.

— Comme tu veux…

Il s'exprimait sans aucune animosité. J'en ai déduit qu'il ne me reprochait rien. Je me suis senti si soulagé que je n'ai pas prêté attention au fait que Papa m'avait dit qu'il devait aller travailler. Je me suis resservi une tasse de thé et, en sirotant le liquide brûlant, je me suis répété ses paroles apaisantes.

Soudain, je me suis souvenu qu'il était à la retraite. Pourquoi travaillait-il alors ? La contradiction m'a inquiété. En même temps, une autre pensée m'est venue : où était ma belle-mère, cette femme qui avait remplacé la mère de Jade dans le lit de Papa et que, selon la politesse chinoise, nous appelions tous Tante ? Je ne l'avais pas vue depuis mon retour à la maison, et Papa n'avait pas mentionné une seule fois son nom. Que s'était-il passé ?

— Papa, où est Tante ?

— Oh… Nous nous sommes disputés le mois dernier. Elle est retournée vivre chez son fils. Elle reviendra bien un jour ou l'autre…

Je n'ai pas su quoi dire. Dans notre famille, personne n'appréciait la nouvelle femme de Papa, car elle nous critiquait et nous cherchait querelle à tout propos. En fait, nous nous désintéressions de notre belle-mère autant qu'elle nous détestait, ce qui était une relation fort banale en Chine, comme sans doute dans le reste du monde, à l'intérieur d'une famille recomposée. Personne ne regretterait Tante. Même Papa ne semblait pas attendre son retour avec impatience, et je ne désirais pas en apprendre plus sur le pourquoi de leur dispute. En revanche, je me suis demandé s'il existait un quelconque rapport entre le départ de Tante et le fait que Papa ait repris un travail.

— Papa, depuis quand retravaillez-vous ?

— Depuis que Tante est partie… Je suis seul à la maison, je m'ennuie, alors j'ai pris un boulot de gardien de nuit dans un supermarché. Ça m'occupe, et puis j'ai besoin de gagner un peu d'argent… Quand Tante habitait ici, nous avions deux retraites pour vivre. Maintenant, avec une seule pension, je n'y arriverai pas, ou alors je devrai économiser sur tout ou demander de l'argent à la famille. Mais je ne peux pas faire ça. Je ne suis pas un mendiant.

Nous avons bavardé ainsi pendant une dizaine de minutes, sans jamais évoquer le suicide de Jade. Je supposais que, tout comme moi, Papa ne cessait d'y penser, mais, lui, n'avait aucune envie d'en parler. Il lui appartenait de me poser des questions s'il le souhaitait, et je respectais sa volonté. Cet été 2003, il avait perdu sa seconde femme et sa fille cadette, son enfant préféré, et il avait été réduit à retravailler. Ce vieillard n'avait même pas le droit de profiter d'une retraite paisible. Son existence me semblait à la fois pitoyable et effrayante, mais je ne pouvais pas l'aider.

Je me suis allongé sur le lit où j'étais assis. J'ai senti la lassitude engourdir mes membres. J'étais debout depuis plus d'une journée, je n'avais pas dormi pendant le vol de Paris à Pékin, et je subissais sans doute aussi le décalage horaire de six heures. Une grande fatigue me terrassait. Je n'ai pas pu me retenir de fermer les yeux. J'ai eu l'impression de tout oublier, de m'évanouir.

*

Fleuve, le frère aîné de Jade, m'a réveillé en me tapotant sur l'épaule. Il était penché au-dessus de moi et me regardait d'un air mauvais, en fronçant les sourcils. Derrière lui se tenaient Fleur de Lotus et Prune, les deux sœurs de Jade, ainsi que Dragon et Fidel Prosper, leurs maris. J'ai aussitôt remarqué les yeux rouges et noyés de larmes de mes belles-sœurs.

– Lève-toi ! m'a lancé Fleuve. Papa nous a tout raconté.

Le ton agressif de mon beau-frère me déroutait. J'ai cherché Papa des yeux sans réussir à le voir dans la pièce.

– Où est Papa ? ai-je demandé.

– Il est plus de dix-huit heures. Papa est parti travailler. Tu as assez dormi. Tu vas nous expliquer en détail ce qui est arrivé…

Fleuve m'a tendu la main pour m'aider à me redresser sur le lit. Ce geste m'a rassuré. J'ai compris que je faisais toujours partie de la famille et que je pourrais parler sans crainte ; alors j'ai entrepris à nouveau, pour mes belles-sœurs et mes beaux-frères, le long récit des événements qui avaient acculé Jade au suicide. Ils sont restés debout autour de moi et, comme Papa, m'ont écouté sans dire un mot. Ils n'ont pas fondu en larmes et n'ont pas hurlé pour afficher leur chagrin, comme le veut la coutume en Extrême-Orient à l'annonce du décès d'un proche. C'était mieux ainsi. Leur douleur était sans doute trop intense pour qu'ils pensent à jouer une quelconque comédie. Ils semblaient tétanisés, se contentant de m'approuver par des hochements de tête quand ils m'ont entendu exposer mon projet de tuer Carlo. Comme je l'avais imaginé, notre clan avait bien une dette de sang à faire payer. La question de savoir si j'avais, oui ou non, le droit de venger Jade ne se posait pas. La réponse était trop évidente pour des Chinois. Le vrai problème qu'il me restait à résoudre était de savoir comment, où et avec l'aide de qui je tuerais Carlo.

Fleuve travaillait comme ouvrier dans une grande usine de revêtements textiles de Fengtai, une banlieue du sud de Pékin. Il avait à sa charge une femme paraplégique et un fils d'une quinzaine d'années. Il n'avait que deux grandes passions dans la vie : regarder des matches de football à la télévision et faire cuire au barbecue des brochettes de mouton le dimanche. Nous n'avions aucun sujet de discussion en commun, nous n'étions pas amis, et j'aurais du mal à le convaincre de devenir le complice d'un assassinat, les conséquences pour sa femme impotente s'il était arrêté par la police et condamné à mort étant trop graves. Toutefois, j'espérais que son honneur de frère aîné finirait par lui dicter de m'aider à venger Jade si nous réussissions à élaborer un traquenard sans risque.

Pour cela, je comptais sur l'intelligence et

l'expérience de Dragon, le mari de Fleur de Lotus. Ce Chinois géant d'un mètre quatre-vingt-quinze, toujours vêtu à l'occidentale d'un costume et d'une cravate, avait dirigé un gang d'une dizaine de jeunes Pékinois à la fin des années quatre-vingt dans le quartier de la porte Xuanwu, à l'ouest de la ruelle des Grandes Oreilles. Il avait fait fortune en revendant de l'héroïne et en spéculant sur l'immobilier, mais il avait tout perdu, y compris son appartement, au cours d'une partie de mah-jong. Plus tard, dans les années quatre-vingt-dix, il avait tenté de se refaire en ouvrant près du parc Beihai un bar à putes qui avait été saccagé par des racketteurs. Fleur de Lotus, sa femme, l'avait alors prévenu qu'elle demanderait le divorce s'il se lançait dans une nouvelle affaire malhonnête. Il avait fini par se ranger, du moins il le prétendait. Je me souvenais d'une de leurs disputes. C'était en 1995. Toute la famille était réunie chez mes beaux-parents pour déguster des raviolis le matin du réveillon du nouvel an lunaire. Dragon avait menacé Fleur de Lotus de la tuer si elle le quittait. Papa avait été contraint de le chasser de la maison.

Dragon n'était plus qu'un *has been* du milieu pékinois. En 2000, il avait tout de même réussi à emprunter à d'anciennes relations de quoi acheter une automobile d'occasion. Il travaillait avec comme chauffeur de taxi.

Je ne connaissais pas en détail tous ses méfaits, je savais juste qu'il avait dealé de la drogue, qu'il avait commis des cambriolages, qu'il avait prostitué des femmes, qu'il s'était battu dans les rues et qu'il avait reçu des coups de couteau. J'ignorais s'il avait déjà tué un homme, ou même simplement s'il avait envisagé de commettre un tel acte. Par contre, j'étais sûr qu'il n'avait jamais fait de prison, il était trop malin pour se faire prendre. Et malgré le mal qu'il avait fait à Fleur de

Lotus, toute la famille le respectait et appréciait sa présence.

J'aimais bavarder avec lui. Il n'avait pas étudié à l'université, mais il lisait beaucoup et nous pouvions discuter pendant des heures de Confucius ou de Lao Zi. Il finissait toujours par avoir le dernier mot. Dragon n'était pas un minable petit truand. Dragon était un caïd qui avait manqué de chance, qui avait perdu sa fortune et son pouvoir un soir en jouant au mah-jong. Il était ruiné et broyé, tout comme moi. Il pouvait me comprendre mieux que quiconque. Pourtant je n'étais pas certain qu'il accepterait de m'aider, car il ne possédait aucun lien direct de sang avec Jade. Ma femme n'était que sa belle-sœur. Serait-ce suffisant pour le décider à devenir mon complice ? Je devrais peut-être lui proposer de l'argent. Cet argument finirait de le convaincre.

Par contre, je ressentais le plus profond mépris pour Fidel Prosper, mon troisième beau-frère, le mari de Prune. Ce Chinois boutonneux ne m'inspirait aucune confiance, et je n'avais pas besoin de son aide. Il était trop vantard, incapable de garder un secret. Ce n'était pas tout. Sa haine des Blancs était si obsessionnelle que, chaque fois que nous nous rencontrions, il prenait plaisir à m'humilier en affirmant, sans aucune preuve à l'appui, que nous autres Français étions moins intelligents, moins beaux, moins forts, moins courageux… que les Chinois. C'était peut-être vrai, mais les propos de mon beau-frère m'horripilaient. Sa stupidité n'avait d'égale que son arrogance. Il prétendait tout connaître, tout comprendre, tout réussir, ne doutant jamais de lui. Moi, j'étais sûr d'une chose : la seule vue de son visage luisant de sécrétions acnéiques me donnait envie de vomir. Je me demandais comment je pourrais me débarrasser de lui.

J'ai regardé mes belles-sœurs et mes beaux-frères l'un après l'autre et je leur ai dit, guettant leur réaction :

— J'ai besoin de vous pour venger Jade.

Seul Fidel Prosper a pris un air étonné, avant de lâcher d'un ton sec tout en pointant son index vers moi :

— Que veux-tu dire ?

— Je veux dire que tout seul je ne réussirai pas à tuer l'Italien. À plusieurs, nous aurons plus de chance…

— Tu veux nous impliquer dans un meurtre, n'est-ce pas ?

— Oui.

— Tu as perdu la tête. Sais-tu ce qui arrivera si la police nous arrête ? Nous serons tous condamnés à mort !

— Je le sais, mais je dois venger Jade. Avec un bon plan, je crois que nous pourrons liquider l'Italien sans prendre de risque. Personne ne le connaît en Chine. Après sa disparition, personne n'établira un rapprochement entre lui et nous.

— Moi, je ne suis pas d'accord. D'ailleurs, pour commencer, Jade n'aurait jamais dû se marier avec toi. Si elle avait épousé un Chinois, elle serait toujours en vie. Moi, à ta place, j'aurais honte de demander de l'aide pour venger ma femme.

Bombant le torse avec fierté, Fidel Prosper s'est tourné vers Fleuve et Dragon pour voir s'ils l'approuvaient. J'ai cherché à mon tour leurs regards, espérant qu'ils me défendraient, car je savais que, eux aussi, détestaient Fidel Prosper.

Soudain, Dragon s'est rapproché de Fidel Prosper. Du haut de son mètre quatre-vingt-quinze, il lui a lancé :

— Ça suffit. Tu nous fatigues. Maintenant, je sais que tu as aussi peu de courage que de cervelle. T'es juste bon à gonfler le con des vaches, et, de toute façon, nous ne voulons pas de toi pour régler cette affaire. Alors maintenant, tu rentres chez toi avec Prune et Fleur de Lotus, tu t'occupes d'elles et tu nous laisses parler entre hommes.

— Mais…

— Tais-toi ! a ordonné Fleuve.

Cette fois, Fidel Prosper n'a rien osé ajouter. Fleuve était le frère aîné du clan, le chef en l'absence de Papa.

Une fois Fidel Prosper et mes belles-sœurs sortis de la maison, nous sommes restés, Fleuve, Dragon et moi, pendant quelques minutes sans dire un mot. Nous nous sommes assis autour de la table et j'ai servi du thé. Fleuve a repris la parole le premier :

— Luc, te rends-tu compte de ce que tu nous demandes ?

— Je suis prêt à tout pour venger Jade. As-tu peur ?

Fleuve s'est passé la main sur le visage, puis il a répondu d'une voix éteinte :

— Je ne sais pas quoi faire. Je dois t'aider, et en même temps ma femme et mon fils ont besoin de moi. Que deviendront-ils si la police m'arrête, si je suis condamné à mort ?

— Ne t'inquiète pas. Nous ne prendrons aucun risque.

Il a bu une gorgée de thé en dodelinant de la tête. Il ne semblait pas convaincu, il ne me croyait pas capable d'organiser un assassinat, et moi, à sa place, je ne me serais pas non plus laissé entraîner sans réfléchir. Je préférais qu'il hésitât, je ne voulais pas trop lui forcer la main. Ainsi, s'il acceptait de m'aider, il le ferait de son plein gré et je serais sûr de pouvoir compter sur lui. Le moment était également venu de proposer de l'argent à mes beaux-frères.

— J'ai une idée, ai-je dit. Pour commencer, nous pouvons toujours réfléchir ensemble à un plan pour tuer l'Italien. Cela ne nous engage à rien. Par ailleurs, il ne faut pas vous inquiéter pour les journées de travail que vous allez perdre si vous acceptez de m'aider. Je vous donnerai assez d'argent pour vivre pendant plusieurs mois. Il faut que ce soit bien clair entre nous.

Fleuve et Dragon ont échangé un regard rapide.

– Non… non… nous ne voulons pas de ton argent.

– Je comprends, mais vous avez chacun une famille à nourrir. J'ai envie de vous dédommager.

– Non… non…

Ils auraient pu prétexter que leur conscience leur interdisait de tuer un homme, mais ils répétaient simplement qu'ils ne voulaient pas de mon argent. Je devinais le sens de ce refus pour un Chinois. Une telle attitude n'était dictée que par les règles élémentaires du savoir-vivre. Je savais comment réagir, et mes beaux-frères savaient que je le savais. Plus ils refuseraient et plus je devrais les presser d'accepter afin de laisser croire qu'ils avaient finalement reçu mon argent contre leur propre volonté. Je serais peut-être même obligé de leur glisser de force mes billets de banque dans une de leurs poches. Ils feraient semblant de se vexer ; pourtant, dès que je tournerais le dos, ils compteraient combien je leur avais donné. Je ne percevais aucune hypocrisie dans ce jeu, car chacun en connaissait les règles.

J'avais touché juste en promettant de l'argent. Mes beaux-frères n'étaient pas restés indifférents à l'appât d'un gain. Il était inutile de leur demander s'ils accepteraient de me prêter main forte. Désormais, nous étions liés par une sorte de contrat pour venger Jade.

– Bon, nous n'allons pas nous disputer pour des questions d'argent, ai-je ajouté. Nous en reparlerons plus tard. Nous devons tout d'abord préparer un plan. Je sais juste que l'Italien passera à la poste de Jianguomen…

Nous avons envisagé les différentes possibilités de faire la peau à Carlo une fois que nous l'aurions retrouvé grâce à la poste-restante. Deux scénarios se sont assez vite imposés.

Dragon a proposé de prendre Carlo en filature quand il sortirait du bureau de poste. Nous pourrions le suivre toute la journée, en nous relayant pour ne pas être repérés. Nous communiquerions entre nous avec des téléphones portables et, le soir venu, dans une rue sombre et tranquille, je le flinguerais. Nous disparaîtrions en abandonnant le cadavre.

Dragon, qui avait conservé des relations dans le milieu, m'a assuré qu'il savait où acheter une arme. Nous pouvions même engager un tueur pour mille euros. Il me suffirait de lui désigner Carlo dans le bureau de poste et, sans aucun état d'âme, il se chargerait de le liquider à la première occasion venue, même en plein jour.

Je faisais confiance à Dragon, mais j'excluais d'engager un tueur à gages. Ce n'était pas un problème de coût. Je voulais assumer mes responsabilités en vengeant Jade de ma propre main. Et puis le meurtre que nous allions commettre était un secret qui ne devait pas sortir de notre famille. Un tueur pourrait ensuite nous faire chanter.

Fleuve a imaginé le second scénario. Sur le parking du bureau de poste, nous pourrions kidnapper Carlo dans le taxi de Dragon et le conduire chez un oncle qui habitait dans une ferme à deux cents kilomètres de Pékin. Là-bas, en pleine campagne, nous serions tranquilles pour régler nos comptes.

Cet oncle était le frère aîné de la mère de Jade. Je lui avais rendu trois fois visite, et il m'avait reçu comme l'un de ses neveux chinois, en toute simplicité et sans jamais faire une seule remarque désobligeante sur ma nationalité étrangère. Ce paysan fruste était un homme bon et modeste, qui essayait toujours de faire plaisir. Je l'appelais Grand Oncle, par respect pour son âge, et nous nous apprécions mutuellement. Je ne doutais pas qu'il m'aiderait, mais j'aurais préféré ne pas compromettre ce pauvre vieillard dans une affaire de meurtre. J'ai demandé :

— Sommes-nous obligés d'aller déranger Grand Oncle ? Nous pourrions tuer l'Italien sur un terrain vague, en banlieue de Pékin.

— Tu es fou, ou quoi ? a répliqué Dragon. Si jamais un passant nous voit, il relèvera le numéro de mon taxi. Nous serons foutus.

— Tu as peut-être raison.

— Le plus simple est de suivre à pied l'Italien et de le liquider, la nuit, dans une rue calme.

— Et s'il ne passe jamais dans une rue calme, que ferons-nous ? Nous devons le conduire hors de Pékin. Nous avons besoin de ton taxi.

— Non. Je ne veux prendre aucun risque… Pour aller chez Grand Oncle, il y a quatre ou cinq heures de route. Nous pouvons tomber sur un contrôle de police, ou bien avoir un accident.

— Tout est possible, d'accord. Mais il y aura encore plus de choses que nous ne maîtriserons pas si nous essayons de suivre et de tuer l'Italien dans Pékin. Il pourra nous fausser compagnie, et nous pourrons être vus. Moi, je dis qu'une fois que nous l'aurons repéré, nous ne devrons pas lui laisser une seule chance de nous échapper. Sous un prétexte quelconque, nous l'inviterons à monter dans ton taxi, puis nous l'assommerons ou nous le ligoterons. Ensuite nous l'emmènerons en lieu sûr. Tu dis que Grand Oncle habite trop loin, mais que proposes-tu ? Tu te dégonfles, n'est-ce pas ?

Dragon n'a pas semblé impressionné par mon accusation. Il a haussé les épaules en ricanant :

— Tu te fous de moi, hein ? Tu sais bien que je ne te laisserai pas tomber. Tu es mon beau-frère et un ami. O.K., je conduirai ton Italien chez Grand Oncle et nous vengerons Jade ensemble. Qu'en dis-tu, Fleuve ?

Fleuve courba la tête en soupirant :

— Je voudrais bien me défiler, mais je dois venger ma sœur…

J'avais réussi à convaincre Fleuve et Dragon, j'avais envie de les embrasser, mais je me suis retenu de le faire. Une telle marque d'affection les aurait gênés. Pouvais-je au moins les remercier ? Je n'en savais rien, et je me suis tu. Des paroles de gratitude auraient laissé croire que je considérais que mes beaux-frères me rendaient un service en m'aidant, alors qu'ils avaient avant tout, eux aussi, le devoir de venger Jade. Je ne pourrais leur témoigner ma reconnaissance qu'en les obligeant à accepter de l'argent, comme nous en avions convenu.

J'avais donc gagné. Désormais, nous étions trois à vouloir traquer Carlo et nous avions un plan. Je n'imaginais pas comment il pourrait nous échapper s'il se présentait à la poste-restante.

Nous avons préparé le kidnapping en faisant l'inventaire de ce dont nous aurions besoin et des tâches qui incomberaient à chacun. Dragon se procurerait le pistolet et collerait un film plastique fumé sur les vitres de son taxi afin que, de l'extérieur, personne ne pût voir Carlo ligoté dans l'habitacle. Il ferait le plein du réservoir et emporterait par précaution un jerrycan d'essence dans le coffre afin de ne pas être contraint de s'arrêter en route dans une station-service. Il achèterait aussi une corde et un rouleau d'adhésif solide pour immobiliser et bâillonner Carlo.

De mon côté, je surveillerais la poste de Jianguomen, mais je ne ferais pas le guet de l'ouverture à la fermeture du bureau, de crainte d'attirer l'attention. Je passerais juste une ou deux fois par jour au guichet de la poste-restante pour vérifier si Carlo était venu retirer son courrier. Alors, je préviendrais Fleuve et Dragon par téléphone et, les jours suivants, mes beaux-frères et moi attendrions Carlo sur le grand parking de la poste, dans notre taxi aux vitres opaques. Je supposais que Carlo irait plusieurs jours de suite relever son courrier. J'étais pratiquement sûr qu'en descendant du Transsibérien, il avait prévu de se reposer à Pékin avant de prendre un avion pour les Philippines. Tout notre plan reposait sur cette hypothèse. Mais je ne m'inquiétais pas trop. Dans ma mémoire, Carlo n'était jamais pressé. Avec son tempérament nonchalant de Méditerranéen imbu de lui-même, il aimait se prouver qu'il savait traîner en voyageant, qu'il prenait le temps de vivre. Il resterait au moins deux ou trois jours à Pékin, et il était à mille lieues d'imaginer que nous avions l'intention de l'enlever.

Vers vingt et une heures, nous avions tout mis au point, ou presque, car soudain j'ai repensé à Fidel Prosper. J'ai fait part de mon inquiétude à mes beaux-frères :

– Fidel Prosper est incapable de garder un secret. Pour se rendre intéressant, il va raconter à n'importe qui que nous projetons de tuer un étranger.

– Ne t'en fais pas, a dit Dragon. Fidel Prosper est bavard comme une vieille femme, mais il aurait trop peur de s'attirer des ennuis avec la police en parlant d'un meurtre. Et il ne sait rien de notre plan. Je lui raconterai que nous avons finalement décidé de ne pas venger Jade, que c'était trop risqué, qu'il avait raison. Il se sentira flatté, il n'ira pas chercher plus loin.

– D'accord.

Et continuant de songer à Fidel Prosper, je me suis demandé si, jouant les forts en gueule alors qu'ils vivaient soumis à la dictature communiste, la plupart des Chinois se seraient déballonnés comme lui, ou bien si, tout en sachant qu'ils risquaient la peine de mort sans aucun espoir de clémence, ils m'auraient aidé à venger leur sœur. Je me faisais peut-être des illusions, mais je penchais plutôt pour la seconde attitude. Au cours de mes voyages en Chine, j'avais rencontré des gens de tous milieux, et la plupart avaient semblé si attachés à leur famille que je les croyais prêts à rendre eux-mêmes justice, quitte à commettre les pires atrocités, s'ils réussissaient à coincer celui qui avait fait du mal à l'un des leurs. Dans mon malheur, je pouvais me réjouir d'avoir au moins deux beaux-frères qui fussent des Chinois dignes de leur race. Le moment était venu de leur verser une avance.

Sans me lever de table, j'ai déboutonné mon pantalon et j'ai sorti la ceinture en tissu que je portais autour de la taille. J'y cachais mon passeport et mon argent. J'en ai retiré dix billets de cent euros, en ai posé trois devant Fleuve, puis ai tendu tout le reste à Dragon, car il devait acheter le pistolet et préparer son taxi pour notre voyage chez Grand Oncle. Mes beaux-frères ont fait non d'un signe de tête tout en repoussant les billets.

— Prenez-les ! ai-je dit avec autorité. C'est juste un peu d'argent pour vous procurer ce dont nous avons besoin pour réaliser notre plan.

Je mentais. La préparation de notre traquenard ne coûterait pas si cher, et ils le savaient.

— Range ton argent ! Nous n'en voulons pas, a protesté Dragon tout en se redressant.

— Si vous vous entêtez, alors je refuse votre aide. Cet argent appartenait également à Jade. Elle serait heureuse de vous en faire profiter. Si tout se passe bien, nous partagerons ensemble la somme qu'il me restera.

Nous en donnerons aussi à Papa et à Grand Oncle. Jade aurait voulu que nous fassions comme ça. Vous allez respecter sa volonté, n'est-ce pas ?

Je n'ai pas attendu leur réponse. J'ai ramassé les billets en me levant de table, suis passé derrière mes beaux-frères et leur ai glissé de force l'argent dans la poche de leur chemise. Ils m'ont jeté un regard de mécontentement, mais sans opposer de résistance. L'affaire était entendue. Nous n'avions plus qu'à attendre Carlo.

J'étais satisfait et voulais profiter de la compagnie de mes beaux-frères. J'avais envie de manger, de trinquer avec eux. J'étais surpris de ressentir un tel désir car, depuis le suicide de Jade, je n'avais plus éprouvé aucune attirance pour la nourriture et l'alcool. Mais ce soir-là, je reprenais goût à la vie. J'ai donc proposé à mes beaux-frères de dîner tous ensemble.

Ils devaient avoir faim eux aussi, car ils ne se sont pas faits prier pour accepter mon invitation. Nous nous sommes rendus dans une gargote qui restait ouverte toute la nuit, à l'extrémité de la ruelle des Grandes Oreilles. Nous avons commandé de la bière glacée et des pieds de porc braisés que nous avons mangés à la chinoise, en crachant sans aucune gêne les osselets par terre. Comme de vieux amis qui célébraient un événement, nous nous sommes régalés en portant d'innombrables toasts à notre succès, mais aucun de nous n'a précisé à quoi il songeait exactement. Moi, bien sûr, je ne pensais qu'à Carlo, mais, en même temps, je ne voulais pas perdre l'appétit en mentionnant son nom ou son existence. Je ne lui permettrais pas de gâter mon plaisir. Je ne salirais pas ma bouche en vomissant la haine qu'il m'inspirait. J'aurais eu l'impression de lui rendre un honneur.

À la fin du repas, nous avions vidé huit grandes bouteilles de bière Yanjing et nous avions recraché des monticules d'ossements entre nos jambes.

C'est ainsi que nous avons scellé notre pacte pour liquider Carlo.

Je suis rentré seul à la maison. Trop fatigué pour ôter mes vêtements, je me suis couché tout habillé dans ce lit où j'avais dormi avec Jade pendant tant d'années. Mais je ne voulais pas repenser à notre amour.

J'ai essayé de faire le vide dans ma tête, en vain, car une sorte de vertige s'est emparé de moi. J'avais peut-être bu trop de bière, mon lit roulait et tanguait. Puis les murs se sont mis à tourner, à monter et à descendre autour de moi. La pièce était plongée dans l'obscurité, mais je distinguais les murs. Et j'avais beau fermer les yeux, je continuais de les voir danser. Je n'osais pas me redresser. Je restais cloué sur le lit qui a commencé à se soulever dans les airs. Doucement, très tranquillement, j'ai été transporté dans un lent tourbillon, dans un long tunnel noir où j'ai perdu conscience.

J'ai dormi jusqu'à l'aube, me levant juste deux ou trois fois pour uriner, tel un somnambule, dans le pot de chambre placé sous mon lit. J'ai fait un étrange cauchemar qui m'a hanté plusieurs jours. J'étais étendu avec Jade sur un nuage, mais l'homme que j'incarnais ne me ressemblait pas. Je le reconnaissais pourtant, il avait le visage de Carlo, mais j'étais cet homme. Je m'étais glissé dans sa peau et j'habitais avec Jade sur un nuage. Nous étions nus, nous flottions en apesanteur, nous nagions dans la vapeur d'eau en riant, en nous éclaboussant de poussière d'étoiles. Quand le vent soufflait dans la longue chevelure noire de Jade, des torrents de paillettes en ruisselaient. Ma femme était trop resplendissante, trop belle, elle m'éblouissait, la regarder me faisait mal aux yeux. Alors je me suis rapproché d'elle, et l'ai enlacée, et embrassée. Nos langues se sont mélangées, nous nous sommes goûtés en échangeant nos haleines sucrées, nos corps ont fusionné. Soudain, il a commencé à pleuvoir, une pluie de plus en plus chaude et serrée. Nous faisions l'amour sous une averse bienfaisante, mais en réalité celle-ci jaillissait de notre amour, de notre nuage, et elle fécondait la terre toute entière. Selon l'expression consacrée de la littérature chinoise ancienne, nous nous adonnions au jeu des nuages et de la pluie. Oui, je jouissais, et cependant j'étais horrifié. Je me regardais en train de faire l'amour avec Jade et je me voyais avec le visage de Carlo. J'étais cet homme, mais je ne savais plus qui il était lui-même. Luc H. avec un masque de Carlo ? Ou bien Carlo se faisant passer pour Luc H. auprès de Jade ? J'ai aperçu alors un homme qui s'approchait d'un pas lent. C'était Luc H. Il sanglotait en gémissant des paroles inintelligibles entrecoupées de râles profonds. Carlo, l'homme que j'incarnais, s'est dégagé de Jade. Il a pointé un revolver sur la tête de Luc H. et a tiré. Luc H. s'est affaissé, puis est tombé dans le vide, tandis que moi, Carlo, je ricanais.

Je me suis réveillé en nage, suffoquant de douleur. Sans réfléchir, j'ai porté la main à mon crâne. Je n'étais pas blessé, j'étais en vie. Les premières lueurs du jour pénétraient dans la maison par les fenêtres sans volets.

J'ai à nouveau entendu un râle. Que se passait-il ? Ce sifflement rauque était régulier, il vrombissait comme le ronflement d'un dormeur. Il provenait de la pièce voisine. Soudain, j'ai compris que j'étais en train d'écouter Papa qui ronflait. Il était rentré pendant mon sommeil, il n'avait fait aucun bruit et s'était aussitôt couché dans son lit. Il dormait, écrasé par la fatigue d'une nuit de travail.

*

Mon retour en Chine avait provoqué des effets inattendus sur moi. J'avais retrouvé le sommeil, l'appétit et le plaisir de boire de l'alcool. Je me réjouissais de vivre à nouveau comme les gens normaux, de ressentir les petits bonheurs et les petits maux de l'existence quotidienne. Ce constat me remplissait d'énergie. J'étais comme dopé : j'avais envie de bouger, de sortir, de faire quelque chose d'aussi simple que de flâner en profitant du soleil. J'étais redevenu capable d'apprécier la beauté d'un boulevard ou d'un parc baigné de lumière par une journée ensoleillée.

Le lendemain et le surlendemain de mon arrivée, j'ai été comblé. La mi-septembre était la période la plus agréable de l'année à Pékin. La canicule fléchissait, et la moiteur étouffante de l'été chinois était balayée par une brise fraîche venue des steppes mongoles. Le soleil ne cognait plus méchamment, il caressait la ville et les hommes, qui sortaient à nouveau en pleine journée dans les rues, sans être terrassés par la chaleur. Tout le monde avait l'impression de réapprendre à respirer et à bouger après trois mois de touffeur ininterrompue qui avait épuisé toutes les énergies. Il fallait se dépêcher de profiter de l'automne, car il ne durerait que quelques semaines. Le rafraîchissement bienfaisant de l'atmosphère annonçait en réalité le froid sec et rigoureux de l'hiver. Vers la mi-octobre, un vent glacial descendu de Sibérie soufflerait sur Pékin, mais j'espérais avoir réglé son affaire à Carlo d'ici là.

Comme convenu avec mes beaux-frères, je me suis rendu chaque jour à la poste de Jianguomen. J'y allais vers midi tout en savourant le soleil automnal. Dès ma seconde visite, j'ai eu une agréable surprise : une lettre venait d'arriver pour Carlo dans les casiers de la poste-restante. Elle avait été postée à Vintimille, mais le nom de l'expéditeur ne figurait pas sur l'enveloppe. Cette lettre avait sans doute été écrite par la mère de Carlo. Elle ne m'avait pas menti en me racontant que son fils était parti en Asie et qu'il passerait chercher son courrier à la poste-restante de Pékin. J'avais eu raison de venir ici.

Toutefois, je me demandais combien de temps je devrais l'attendre. Quand arriverait-il à Pékin ? Quand passerait-il retirer son courrier ? Dans un jour, une semaine, un mois ? J'étais si impatient d'en finir avec lui que j'étais saisi d'angoisse à la seule idée qu'il pouvait aussi, à tout moment, changer d'itinéraire pour se rendre aux Philippines. S'il décidait de ne plus transiter par Pékin, il ne viendrait pas à la poste de Jianguomen, il m'échapperait. Comme le dit un proverbe, « il est difficile d'attraper un chat noir dans une pièce sombre, surtout quand il n'y est pas ».

En outre, en entrant dans la poste de Jianguomen, j'ai tout de suite remarqué un détail que j'avais oublié et dont je n'avais évidemment pas tenu compte en élaborant mon plan. Le grand hall était surveillé en permanence par un vigile en uniforme. Il ne portait pas d'arme sur lui, mais il ne manquerait pas de donner l'alerte et de prévenir la police s'il nous voyait enlever Carlo.

Il fallait donc absolument attendre Carlo sur le parking situé devant la poste. C'est ce que nous avions prévu dans le plan. Mais nous devions en plus être certains que le vigile fût bien à l'intérieur avant d'agir. Par contre, nous n'avions pas trop à nous inquiéter d'être vus par des badauds quand nous pousserions Carlo dans le taxi de Dragon. La poste de Jianguomen était construite légèrement en retrait d'un boulevard périphérique, dans un lieu isolé et peu fréquenté par les piétons. Son parking et son seuil étaient le plus souvent déserts, et, même si ce n'était pas le cas quand nous nous jetterions dans l'action, aucun passant ne prendrait le risque de porter lui-même secours à Carlo, si jamais nous étions forcés de le brutaliser avant de le faire monter dans le taxi. Le temps qu'un hypothétique témoin prévienne le vigile à l'intérieur de la poste, nous aurions déjà quitté le parking.

Avec l'arrivée d'une lettre pour Carlo, ce troisième jour à Pékin me souriait. En sortant de la poste, j'ai eu envie d'aller me promener. J'ai marché pendant une dizaine de minutes vers l'est, jusqu'au parc Ritan.

J'étais souvent venu dans ce petit jardin public en compagnie de Jade. À la tombée de la nuit, il était envahi par de jeunes couples qui ne disposaient d'aucune chambre où s'aimer. Ils venaient chercher là un peu d'intimité en se cachant dans les bosquets. Comme eux, Jade et moi, une fois que nous nous étions rassasiés l'un de l'autre, nous faisions le mur pour ressortir du parc au milieu de la nuit, les portes d'accès étant alors closes.

Dans la journée, le parc Ritan était moins couru. N'abritant aucun monument ni aucun étang, il attirait beaucoup moins de visiteurs que les célèbres et grandioses parcs de Beihai et du Temple Céleste. Ainsi, de jour, les flâneurs pouvaient profiter de ce havre de paix au cœur de la capitale chinoise.

Enfin, pas toujours !

En juillet 1989, Jade et moi avions été agressés par un Chinois d'une vingtaine d'années alors que nous nous promenions main dans la main dans une allée du parc. Le jeune homme s'était levé du banc où il était assis, en train de fumer une cigarette, puis, prenant un air crâneur, s'était avancé vers nous et avait bousculé Jade.

— Hé ! avait-il lancé à Jade. Tu peux pas faire attention avec ton métèque... N'as-tu pas honte de te montrer en public avec lui ?

Il s'était un peu écarté, tout en continuant de nous provoquer :

— T'aimes ça te faire baiser par les métèques, hein ? Mais celui-là, il doit avoir le sida pour ne pas être rentré chez lui. Il va te le donner, le sida, et après, salope, tu contamineras des Chinois...

Ce jeune homme avait exprimé le ressentiment des Pékinois à l'égard des étrangers qui, craignant pour leur sécurité, avaient, pour la plupart, fui la capitale après le massacre de Tiananmen un mois plus tôt. Les Pékinois s'étaient sentis trahis, abandonnés, livrés aux tanks et à la répression de la dictature communiste. Paradoxalement, des gens m'avaient souvent demandé pourquoi je n'avais pas quitté, moi aussi, la Chine, puisque j'avais un passeport et que j'étais libre de mes mouvements. Je n'étais pas parti parce que j'aimais la Chine, tout simplement.

En entendant les insultes de plus en plus obscènes, Jade m'avait lâché la main. Elle avait essayé de gifler le jeune homme. Jade était comme ça. Elle avait un caractère impulsif et perdait conscience de tout danger quand la colère lui montait à la tête. Jade était incapable de traiter par le mépris un outrage à son honneur.

Le jeune homme avait baissé la tête pour esquiver la gifle. En se redressant, il avait eu le temps d'envoyer un coup de poing dans le nez de Jade avant de détaler à toutes jambes. Nous lui avions couru après, mais nous n'avions pas réussi à le rattraper.

Je repensais à ce jeune Chinois en marchant dans l'allée où il nous avait agressés, mais je ne gardais plus aucune rancune contre lui. Je devinais sa frustration de voir une Chinoise au bras d'un Blanc, une frustration nourrie par une double jalousie, à la fois sexuelle et économique, car il avait estimé que j'étais, en tant qu'étranger, beaucoup plus riche que lui. Il n'avait pas envisagé que Jade pût m'aimer d'amour et non pour ma supposée fortune de sale métèque. Il nous avait agressés, mais son désir exaspéré de posséder de l'argent résultait de la politique de modernisation et d'ouverture de la Chine, qui lavait le cerveau des gens en leur inculquant de ne penser qu'à s'enrichir. Je n'excusais pas sa violence, mais comment aurais-je pu continuer de le condamner après toutes les injustices dont j'avais moi-même pâti ?

Je me suis assis sur le banc où il avait fumé avant de nous apercevoir, et j'ai allumé à mon tour une cigarette. Profitant de la douce chaleur du soleil, je m'amusais en grattant le gravillon de l'allée avec le talon de mes chaussures quand un autre jeune Chinois est venu prendre place à côté de moi.

Il portait d'épaisses lunettes et avait le teint blafard d'un étudiant qui consacre de longues veilles à réviser ses cours. Il m'a salué en anglais. Quand je lui ai répondu en chinois, il m'a prié de poursuivre notre conversation en anglais afin de lui permettre de pratiquer un peu cette langue en ma compagnie. Je n'y ai vu aucun inconvénient, parlant moi-même couramment l'anglais.

Ce jeune homme était bien un étudiant. Il était inscrit en seconde année de mathématiques à l'université du Peuple. Il s'adressait à moi d'une voix enjouée qui attirait la sympathie.

Pour commencer, nous avons discuté de choses assez banales, de la météo, de la nourriture chinoise, de la Grande Muraille, puis, en bavardant de la guerre en Irak, il m'a avoué que les États-Unis lui faisaient peur. Quand il a ajouté qu'il détestait la civilisation américaine, je lui ai fait remarquer qu'il gaspillait son énergie en apprenant la langue d'un pays qu'il n'aimait pas. Il a hésité, puis rétorqué qu'il ne voyait aucune incohérence entre le fait d'étudier l'anglais et celui de haïr l'Amérique. Il n'avait peut-être pas tort. Il s'est décrit comme un jeune patriote chinois qui voulait combattre la domination américaine sur le monde. Voilà pourquoi il étudiait l'anglais. Ensuite, en parlant de ce que ce que représentait l'Amérique pour lui, j'ai réalisé qu'il utilisait en fait ce mot « Amérique » pour désigner l'Occident dans sa globalité. Il détestait la civilisation des Blancs. Il affirmait que la race blanche voulait écraser les peuples du tiers-monde en pillant leurs richesses naturelles et en essayant de leur imposer son mode d'existence. Il avait peur que les dirigeants corrompus du parti communiste chinois ne vendent la Chine aux multinationales occidentales. Selon lui, la Chine existait depuis plus de cinq mille ans, et elle n'avait nul besoin des Blancs, ces barbares avides, brutaux et dotés d'une puissance sexuelle inouïe, presque bestiale. Au contraire, les Chinois étaient des hommes cultivés, honnêtes et modestes. Les Blancs possédaient la force physique, et les Chinois ne pouvaient compter que sur leur intelligence pour se défendre. Cet antagonisme ne présageait rien de bon pour la Chine. La force réussirait-elle à écraser l'intelligence ?

Il m'a raconté tout cela en conservant son ton chaleureux, me suppliant à maintes reprises de ne pas m'offusquer, car ce n'était pas ma faute si j'étais né avec une peau blanche. Et puis, comme je parlais le chinois, j'étais déjà à moitié sinisé, c'est-à-dire à moitié civilisé. En fait, ce qu'il exprimait me touchait. Quelque part, il n'avait pas tout à fait tort, malgré son discours simpliste.

Dix ans plus tôt, je l'aurais mouché en commençant par lui rappeler que cette civilisation chinoise dont il vantait à juste titre la grandeur prônait l'égalité de toutes les races humaines. Confucius n'avait-il pas enseigné que tous les hommes sont frères ? J'aurais ensuite ajouté que le modèle démocratique occidental représentait un progrès social pour l'humanité et que les Chinois avaient donc eux aussi le droit d'en bénéficier. Aujourd'hui, je n'avais plus envie de le contredire. Bien loin de moi cette idée.

Je m'étais moi-même relevé après avoir été jeté à terre par la justice européenne, mais je ne pouvais pas lui parler de mon cas personnel. J'ai choisi de le tranquilliser en m'inspirant d'une blague que Coluche racontait pour tourner en dérision les racistes français qui avaient peur des Chinois, du prétendu péril jaune. J'ai dit :

– Considérons que la Terre soit un œuf, que les Chinois soient le jaune et les Occidentaux le blanc. Le jaune est fragile et il sert de support au germe, il représente la délicatesse et l'intelligence. Le blanc, lui, est un gel d'albumine indissoluble et potentiellement si fort qu'il peut être monté en neige. Toutefois, quand on casse l'œuf pour préparer une omelette, le jaune et le blanc se mélangent, et que reste-t-il ? Du jaune ! Crois-moi, la force n'écrasera jamais l'intelligence. Les Blancs ne réussiront pas à coloniser le monde. Les Chinois n'ont pas besoin d'avoir peur.

Il a souri.

Et il avait un beau sourire d'Asiatique, timide, presque contrit. Pourtant, si l'un de nous deux devait éprouver de la gêne, il s'agissait bien de moi, mais je me sentais étrangement à l'aise en bavardant avec lui. J'aurais pu avoir honte d'être moi-même un Blanc et m'excuser de tout le mal que ma race commettait.

Non, je ferais mieux. Je rendrais moi-même la justice.

J'étais un métèque, tout comme Carlo, ce monstre qui *consommait* les enfants d'Asie. Nous étions tous deux blancs, mais aucune solidarité, aucun communautarisme ne m'empêcherait de l'éliminer. J'étais plus déterminé que jamais. Je remplirais mon devoir jusqu'au bout. Je tuerais Carlo pour Jade, pour moi, et pour venger tous les enfants d'Asie à qui il avait volé leur beau sourire.

*

Le 16 septembre, en inspectant les casiers de la poste-restante, j'ai constaté que la lettre destinée à Carlo avait disparu. Incrédule, j'ai fouillé à nouveau dans les casiers, mais n'ai pas davantage trouvé la lettre. Carlo était donc passé à la poste de Jianguomen. Il était arrivé à Pékin. À cette idée, j'ai été saisi de vertige, les casiers sont devenus flous devant mes yeux, mon cœur a palpité, je n'ai plus entendu que les battements rapides qui résonnaient dans mon crâne, au point de me rendre sourd à toute l'activité du bureau de poste.

Les jambes tremblantes, je me suis dirigé vers l'une des cabines téléphoniques situées près du hall d'entrée. Je me suis enfermé à l'intérieur de l'une d'elles, j'ai glissé quelques pièces sans les compter dans l'appareil, et j'ai composé le numéro du portable de Dragon. La sonnerie a retenti quatre ou cinq fois, peut-être plus. Je trépignais d'impatience. Quand mon beau-frère a décroché, j'ai dit, sans lui laisser le temps de parler :

– Allô, allô, c'est moi. L'Italien est à Pékin. Il est venu chercher son courrier. M'entends-tu ? Il est arrivé !

Dragon a attendu un instant avant de me demander :
– En es-tu sûr ?
– Oui, oui…
– Parfait.

Nous avons décidé de nous retrouver le lendemain matin, vers huit heures, sur le parking de la poste.

Dragon se chargerait de prévenir Fleuve, et il l'amènerait avec lui, dans son taxi.

— Tu n'oublieras pas de faire le plein d'essence, ai-je ajouté.

— C'est comme si c'était fait.

— Et le reste... As-tu tout ce qu'il faut ?

— Oui, j'ai tout.

— As-tu trouvé le... ?

Je pensais au pistolet, mais je n'osais pas prononcer ce mot au téléphone. Dragon m'a compris. Il a murmuré :

— Oui, j'ai l'outil.

— Dragon ?

— Quoi ?

— Tu viendras, n'est-ce pas ?

— Ne t'inquiète pas ! Alors à demain, huit heures.

Et il a raccroché.

Nous n'avions plus qu'à attendre Carlo, en espérant qu'il resterait quelques jours à Pékin et qu'il reviendrait chercher du courrier en poste-restante. Jusqu'à présent, je ne m'étais pas trompé, tout se déroulait comme je l'avais imaginé. Et, justement, c'est ce qui me préoccupait. Était-il si facile de tuer un homme ? Tout se passait trop bien. Quelque chose finirait par foirer à un moment ou à un autre. C'était inévitable.

Le 17 septembre, à huit heures du matin, j'ai donc retrouvé Dragon et Fleuve sur le parking de la poste. Ils avaient tenu parole, ils ne m'avaient pas fait faux bond. En les apercevant tranquillement assis sur les sièges avant du taxi en train de fumer, je me suis dit que le revirement de situation que je redoutais tant depuis la veille ne viendrait pas de mes beaux-frères. Ces deux Chinois étaient des types bien. Je me suis installé derrière eux, sur la banquette arrière, et moi aussi je me suis offert une cigarette.

Une longue attente a commencé.

Dragon avait bien fait le plein de carburant sans oublier de remplir le jerrycan dans le coffre. Par contre, il n'avait pas trouvé de film autocollant pour opacifier les vitres du taxi. Il avait acheté à la place six petits stores noirs, un pour chaque vitre latérale et deux pour la lunette arrière, qu'il avait fixés à l'aide de ventouses. Ils se déroulaient de haut en bas, nous les baisserions juste avant de passer à l'action.

Dragon avait également acheté plusieurs mètres de corde et deux rouleaux de bande adhésive marron que nous utiliserions pour immobiliser Carlo. Quant au pistolet, il l'avait payé mille yuans, soit un peu plus de cent euros, une affaire, à l'entendre, mais il refusait de me dire qui le lui avait vendu. Je n'avais pas besoin d'en savoir plus, répétait-il.

Je n'avais encore jamais touché ni même vu de près un vrai pistolet. J'ai été surpris quand Dragon m'a tendu le nôtre en m'expliquant comment l'utiliser. C'était un engin monstrueux. Il mesurait une vingtaine de centimètres et pesait au moins un kilo. Il ne suffisait pas, comme au cinéma, d'appuyer sur la détente pour tirer. Il fallait d'abord faire coulisser d'une main la culasse en exerçant une très forte traction dessus afin de faire monter du chargeur une munition dans la chambre, ce qui armait en même temps le chien. Ensuite, on pouvait ouvrir le feu. C'était une arme de guerre, un automatique 11,43 mm. Dragon m'a assuré que, tirée à bout portant, une balle de ce calibre traversait la tête d'un homme en faisant un trou de la taille d'une noix. Il avait acheté une dizaine de balles, de quoi remplir le chargeur. Carlo n'aurait aucune chance d'en réchapper.

Nous étions prêts.

Assis à l'intérieur du taxi, nous avons attendu toute la matinée, en guettant les Blancs qui allaient et venaient. Mais pas de Carlo.

Une possibilité m'a traversé l'esprit. Carlo avait très bien pu sympathiser avec un étranger à Pékin ou dans le Transsibérien. Ils habitaient peut-être dans le même hôtel, et, fainéant comme il était, Carlo avait peut-être chargé cet homme d'aller à sa place à la poste. Cette éventualité me prenait au dépourvu, mais je n'en discutais pas avec mes beaux-frères, de crainte de les démotiver. Une autre question s'est alors insinuée en moi. Carlo avait-il reçu une nouvelle lettre aujourd'hui ? Si c'était le cas, et si cette lettre se trouvait toujours dans les casiers de la poste-restante, cela signifiait que Carlo, ou son éventuel ami, n'étaient pas encore passés. Vers onze heures, ne résistant plus à la tentation, je suis sorti du taxi et suis allé vérifier de quoi il retournait.

Une grosse enveloppe en papier kraft était arrivée. Elle avait été expédiée dix jours plus tôt des Philippines, mais ces détails ne m'intéressaient point. Une seule chose comptait : ce courrier prouvait que je n'avais pas perdu la trace de Carlo. C'était une excellente nouvelle. Je me suis hâté de retourner vers le taxi pour l'annoncer à mes beaux-frères :

– Y a une autre lettre pour l'Italien !

Mes beaux-frères se sont redressés sur leurs sièges.

– Bien, bien, a dit Dragon en se frottant les mains. Il finira par se pointer à un moment ou à un autre. On va le coincer. Je le sens.

Dragon avait raison. Tôt ou tard, Carlo se présenterait à la poste de Jianguomen. Nous devions nous armer de patience… tout en espérant qu'il viendrait lui-même retirer son courrier. Je n'éliminais pas ce problème. Je ne pouvais pas m'empêcher d'y repenser. En quelques secondes, mon élan d'enthousiasme s'est transformé en une bouffée d'angoisse. Mais je ne voulais rien laisser paraître devant mes beaux-frères. Hochant la tête d'un air convaincu, je me suis imposé de les conforter dans leur conviction :

— Moi aussi, je sens que nous allons bientôt attraper l'Italien.

Je n'aimais pas mentir à mes beaux-frères, aux seules personnes en qui j'avais encore confiance, mais cela n'aurait servi à rien de nous ronger les sangs tous ensemble.

À l'heure du déjeuner, Fleuve s'est absenté pendant un quart d'heure. Il est allé acheter des pains à la vapeur, du poulet froid et du Coca dans une épicerie voisine, et nous avons mangé dans la voiture, sans jamais quitter des yeux l'entrée de la poste. Nous avons continué de faire le guet tout l'après-midi en fumant et en bavardant. Il faisait chaud, nous étouffions dans le taxi, nous nous ankylosions à force de rester assis. Chacun de nous faisait un gros effort pour ne pas s'assoupir.

Nous avons parlé de cette partie de mah-jong au cours de laquelle, quatorze ans plus tôt, Dragon avait perdu sa fortune et son appartement. Elle s'était déroulée à Canton, la grande métropole de la Chine du Sud, chez un trafiquant d'antiquités. Dragon était venu lui proposer du mobilier datant de la fin de la dynastie des Qing. Ces meubles n'étaient pas des pièces exceptionnelles, mais chacun d'eux valait tout de même plusieurs milliers de yuans, autant de francs français à l'époque. Dragon les avait achetés cent fois moins cher à des paysans qui croyaient se débarrasser de vieilleries.

– Je ne savais pas que tu avais traficoté dans les antiquités, ai-je dit à Dragon.

– J'ai touché un peu à tout. Et rien ne m'a réussi…

Dragon a poursuivi son récit. Le trafiquant de Canton était en relation avec des antiquaires installés à l'étranger. Il pouvait revendre encore plus cher les meubles de Dragon en les exportant en contrebande. Les deux hommes avaient conclu un accord. Pour le célébrer, le trafiquant avait organisé un petit banquet chez lui. À la fin du repas, il avait proposé à ses invités de jouer au mah-jong. Dragon n'avait pas résisté à la tentation et il s'était assis avec le trafiquant et deux autres voyous de Canton à la table de jeu. La partie avait duré deux nuits et deux jours d'affilée.

Le mah-jong est un jeu chinois de dominos qui se joue à quatre. Un peu comme le tarot, il mêle la chance, la réflexion et l'audace. J'y avais souvent joué avec Dragon et n'avais jamais gagné. Mon beau-frère avait une mémoire prodigieuse. Il se rappelait quel joueur avait rejeté tel ou tel domino, il calculait les probabilités de tirer un atout dans la pioche, il n'était pas impressionné par le bluff de ses adversaires. Il pratiquait le mah-jong en professionnel et gagnait beaucoup d'argent à ce jeu. Il ne trichait pas, mais, parfois, trompait les autres en jouant comme un débutant. Il les laissait ramasser quelques centaines de yuans pour les mettre en confiance, puis proposait d'augmenter la valeur du point. Alors il commençait à jouer pour de bon et empochait plusieurs milliers de yuans.

Avec nous, les membres de sa famille, il n'essayait jamais de monter ce genre d'arnaque. Il affirmait qu'il jouait avec nous pour le plaisir. En fin de partie, il avait même l'élégance de rendre aux perdants leur argent.

Comment un caïd de la classe de Dragon avait-il pu être ruiné au mah-jong ? Cette seule question avait toujours dépassé mon entendement. À l'époque, j'avais sans doute demandé à mon beau-frère de me raconter pourquoi il s'était laissé plumer au cours de cette partie à Canton, mais je ne me souvenais pas de sa réponse.

– Les autres joueurs ont-ils triché ? ai-je dit.
– Non. Je n'avais pas la chance avec moi. C'est tout.
– Crois-tu à la chance, honnêtement ?
– Peut-être… En tout cas, je crois à la fatalité.
– C'est un peu la même chose, n'est-ce pas ?
– Non. On peut aider la chance, en trichant par exemple, mais on ne peut pas lutter contre la fatalité. Il était écrit dans mon destin que je perdrais tout à Canton.
– Pourquoi n'as-tu pas arrêté de jouer quand tu voyais que tu n'arrêtais pas de perdre ?

Au lieu de s'expliquer, Dragon a tiré à pleins poumons sur sa cigarette, puis il a exhalé des petits ronds de fumées. Était-ce sa façon de me répondre ? Il m'a regardé droit dans les yeux. Cette manière de s'esquiver tout en crânant m'a déplu.

– Je ne te comprends pas, ai-je insisté. Tu étais riche, tu as tout flambé au jeu, tu as foutu ta vie en l'air en quarante-huit heures. Ça me dépasse.
– Moi non plus, je ne me comprends pas. C'est vrai. Parfois, on ne sait pas pourquoi on se conduit comme ci ou comme ça.
– Que veux-tu dire ?

Il a baissé le regard et soupiré d'une voix douce :
– Je perdais coup sur coup, et plus je perdais, plus je me disais que la chance allait bientôt tourner en ma faveur. J'étais sûr de finir par gagner, mais en même temps, je réalisais que la fatalité s'acharnait contre moi. J'avais assez d'expérience au jeu, j'avais plumé tant de

caves, je les avais vus s'endetter stupidement pour tenter de se refaire, mais je me suis quand même entêté, comme si, inconsciemment, j'avais joué pour perdre, comme si j'avais voulu être ruiné. À Canton, j'ai tant emprunté et tant perdu que mon appartement suffisait à peine à couvrir ma dette.

– As-tu des regrets ?

– Non. Bien sûr que non. À quoi cela m'avancerait-il ?

– N'y avait-il aucun moyen de garder ton appartement ? Les jeux d'argent sont interdits en Chine. Ne pouvais-tu pas demander de l'aide à la police ? Un juge t'aurait peut-être condamné à quelques mois de prison, mais il aurait en même temps annulé ta dette…

Dragon m'a tapoté sur l'épaule. Il m'a dit en souriant :

– Ton Italien est allé voir un juge, il a touché un pactole, et maintenant nous allons le tuer. Moi, je n'étais pas aussi stupide. J'aurais signé mon arrêt de mort en essayant de garder l'appartement. Cela valait-il la peine de mourir pour un problème d'argent ?

Il était inutile de répondre à cette question.

Nous avons continué de surveiller l'entrée de la poste, mais Carlo n'est pas venu. Vers vingt heures, quand le bureau a fermé ses portes, nous avons décidé de nous séparer et de rentrer chacun chez nous. Nous nous retrouverions le lendemain à huit heures, toujours sur le parking.

Nous avions des mines déconfites. Nous étions fatigués et déçus, évidemment, mais aucun de nous ne l'a avoué. Dragon a répété que nous devions nous armer de patience. J'ai cru percevoir un manque de sincérité dans sa voix. Commençait-il lui aussi à s'inquiéter ?

*

Le lendemain matin, j'ai eu un pressentiment en me levant. Ce jeudi 18 septembre ne serait pas un jour ordinaire. Il marquerait un tournant dans ma vie, un tournant positif.

Je me sentais léger et d'excellente humeur. Je ne m'inquiétais même plus. Aucune révélation, aucun élément nouveau n'était survenu pendant la nuit. Pourtant, j'étais soudain convaincu que Carlo passerait lui-même chercher son courrier dans la journée. Je le sentais.

— Aujourd'hui, c'est le grand jour ! ai-je lancé à mes beaux-frères en les rejoignant sur le parking de la poste.

Fidèles à leur parole et à leurs habitudes, ils m'attendaient dans le taxi, en fumant l'un à côté de l'autre sur les sièges avant. Ils m'ont dévisagé d'un air ahuri, ne partageant manifestement pas mon enthousiasme. Je me suis rendu compte que je n'avais pas précisé pourquoi ce 18 septembre serait un grand jour.

— L'Italien va venir, ai-je ajouté.
— Comment le sais-tu ? a demandé Fleuve.
— Je le sens, c'est tout.

Mes beaux-frères ont haussé les épaules. Ils ne me croyaient pas, et je ne disposais d'aucun argument pour les convaincre. J'avais juste l'impression de sentir la venue de Carlo. Nous allions en finir avec lui, d'une manière ou d'une autre. Adolescent, j'avais souvent eu des prémonitions avant de passer des examens, ressentant d'avance que j'allais être reçu. C'était peut-être une manière de me gonfler d'assurance, mais ces pressentiments s'étaient toujours révélés exacts par la suite.

Une fois de plus, mon intuition ne m'a pas trompé.

Vers midi, un Blanc de taille moyenne, aux cheveux noirs ondulés, a longé le parking et monté les marches du seuil de la poste. Je l'ai tout de suite reconnu.

C'était Carlo !

Ce ne pouvait être que lui.

Il avait la même chevelure, le même visage bouffi, la même bouche lippue et ce nez épaté en prise de courant. C'était bien Carlo, mais un Carlo qui avait pris une sacrée brioche avec l'âge. Il était vêtu d'un short et d'un tee-shirt moulant qui ne l'arrangeaient pas. Avec ses jambes fluettes, sans mollets, et sa panse rebondie, comme gonflée à l'air comprimé, il ressemblait à un gros ballon se déplaçant sur deux allumettes. Il arborait un fil de moustache qui lui donnait une expression de vieux réactionnaire. Il n'était plus le jeune homme plein d'entrain de 1983, il ne marchait plus à grandes enjambées, mais traînait sa carcasse, épongeant son front en sueur à l'aide d'un grand mouchoir à carreaux.

– C'est lui ! C'est lui ! ai-je lancé à mes beaux-frères.

– Qui ? Où ça ?

– Là-bas… L'étranger qui entre dans la poste, c'est l'Italien.

– En es-tu sûr ?

– Aucun doute.

– Et si tu te trompais ?

– Non !

Pour désigner Carlo entre nous, nous avions pris l'habitude de l'appeler l'Italien. Je ne connaissais pas la transcription phonétique du prénom Carlo en chinois, nous aurions pu en inventer une, mais Carlo ne méritait pas que nous eussions cette politesse. Nous le surnommions donc « l'Italien », tout comme nous aurions pu également l'appeler « le métèque ». En ne prononçant pas son prénom, nous le rabaissions au rang d'un animal, ce qu'il était.

— Bon, ai-je continué, nous le laissons retirer sa lettre, et quand il ressortira, toi, Fleuve, tu iras lui parler, tu le feras venir à la voiture, tu ouvriras la portière et tu le pousseras sur la banquette arrière. Ensuite, nous l'immobiliserons tous les deux. Toi, Dragon, tu démarres le moteur maintenant, et tu restes derrière ton volant. Dès que l'Italien sera dans la voiture, tu quittes le parking. Si tout se passe bien, tu roules normalement. Inutile de foncer. On pourrait se faire arrêter par des flics. D'accord ?

Dragon a tourné la clé de contact et le moteur a ronronné. J'étais si excité, je ne pouvais plus me concentrer et j'avais l'impression que j'oubliais quelque chose.

— Le pistolet ! ai-je crié. Dragon, passe-le-moi... Attends, je baisse d'abord les stores.

— Fais gaffe, a-t-il dit en me tendant le gros automatique, il est chargé.

Je n'ai pas répondu. J'ai vérifié que le cran de sûreté était verrouillé et j'ai posé le pistolet sur la banquette, à côté de la corde et des rouleaux d'adhésif. J'étais prêt à recevoir Carlo. J'ai regardé Fleuve :

— Vas-y. Tu attends l'Italien à la sortie de la poste et tu le fais venir.

Fleuve a ouvert sa portière, il a posé un pied dehors tout en se levant, puis, comme s'il changeait d'idée, s'est rassis sur son siège et s'est retourné vers moi. Avait-il la trouille ?

— Qu'est-ce que je lui dis à l'Italien ? a-t-il demandé. Comprend-il le chinois ?

Je n'avais pas envisagé ce problème.

— Vas-y toi-même ! a-t-il ajouté.

— Non, c'est impossible. S'il me reconnaît, il se méfiera, il ne viendra pas à la voiture.

— Alors, écris quelque chose sur un papier, comme ça je n'aurai pas besoin de parler. Je lui montrerai ton message. Dépêche-toi !

Carlo devait déjà être en train d'inspecter les casiers de la poste-restante. Je n'avais pas le temps de soupeser la suggestion de Fleuve. J'ai demandé de quoi écrire. Dragon a fouillé dans la boîte à gants du taxi et m'a donné un stylo et un morceau de feuille blanche. Sans trop réfléchir, j'ai rédigé en français le texte suivant :

Monsieur Carlo,
Je suis une jeune Chinoise et j'aimerais vous parler. Je vous attends dans mon taxi.
Mademoiselle Lin.

Je n'ai rien trouvé de mieux à écrire, mais je n'étais pas trop mécontent de moi. J'espérais que Carlo ne résisterait pas à la tentation d'aller voir cette jeune Chinoise qui connaissait son nom. J'ai tendu mon message à Fleuve :

— Vas-y ! File !

Et Fleuve est sorti du taxi.

Soulevant légèrement un store, j'ai vu mon beau-frère traverser le parking d'un pas tranquille. Il a monté les marches de l'entrée de la poste, s'est planté devant la porte et m'a fait un clin d'œil. J'admirais son sang-froid.

Quelques minutes plus tard, l'homme qui ressemblait à Carlo est ressorti en tenant à la main une grosse enveloppe en papier kraft. Cet homme était bien *mon* Carlo, le pédophile de Vintimille qui avait tué ma femme.

Fleuve s'est avancé à sa rencontre et lui a présenté mon mot. Mais Carlo a eu une réaction inattendue. Il n'a pas pris le papier. Il s'est écarté en toisant mon beau-frère des pieds à la tête, comme s'il l'écrasait de mépris. Fleuve n'a pas été décontenancé. Il s'est encore rapproché tout en levant mon message à hauteur du visage de Carlo, juste sous ses yeux, et celui-ci a été obligé de lire le texte que j'avais écrit.

Soudain, les événements se sont précipités. J'ai vu Fleuve faire des signes de main. Il invitait Carlo à le suivre jusqu'à notre taxi, et Carlo lui a emboîté le pas. Ils marchaient vite, l'un derrière l'autre. En quelques secondes, ils ont traversé le parking. Fleuve a ouvert une des portes arrière du taxi, et Carlo s'est penché à l'intérieur en souriant. Il ne se méfiait pas, il croyait rencontrer une jeune Chinoise. En un instant, son regard s'est figé sur l'énorme pistolet que je braquais sur lui. Il n'a pas eu le temps de me reconnaître ni de lâcher un cri. D'une violente bourrade, Fleuve l'a projeté sur la banquette arrière.

Carlo a tenté de se redresser, de crier, mais nous avons bondi sur lui, l'écrasant de tout notre poids, tout en plaquant son visage contre la banquette et en lui assénant une volée de coups de poing. Carlo n'avait plus aucune chance de nous échapper, car Fleuve avait refermé la portière et nous cognions aussi fort que nous pouvions, sans craindre d'être vus. J'en avais mal aux mains. L'Italien a été pris de convulsions, il a bavé des grumeaux de sang, puis a cessé de se défendre. Il respirait encore, mais il avait perdu connaissance.

Dragon, qui avait sorti la voiture du parking pendant que nous nous battions, venait de s'engager sur le boulevard périphérique. J'ai tendu la corde à Fleuve, et, tandis que je collais de l'adhésif sur la bouche et les yeux de Carlo, mon beau-frère lui a attaché les mains et les pieds. Nous l'avons ensuite assis entre nous deux tout en redressant sa tête. Il restait inconscient et émettait des râles pour respirer. De grosses gouttes de sueur ruisselaient sur son visage en sang. J'ai grimacé de dégoût. Carlo sentait mauvais, il puait la transpiration.

J'étais satisfait, mais je n'étais pas fier de moi. Je venais de me conduire comme une brute, je m'étais abaissé au niveau de cette ordure, je n'avais aucune envie de parler. Mes beaux-frères se taisaient eux aussi. Nous étions tous les trois à bout de nerfs. Fleuve et moi fumions cigarette sur cigarette ; quant à Dragon, arc-bouté sur son volant, il conduisait en balayant la chaussée du regard, se tenant prêt à éviter un accident. Il ne prenait aucun risque, surtout pas celui de doubler en zigzaguant d'une file d'automobiles à une autre.

La circulation n'était jamais fluide à Pékin, mais ce midi, elle était encore pire que d'ordinaire et nous roulions le plus souvent au pas. Peu avant d'atteindre le carrefour de Yongdingmen, là où nous devions quitter le périphérique pour prendre une route en direction du sud, nous avons été immobilisés dans un bouchon.

Le soleil tapait dur sur notre taxi à l'arrêt. À l'intérieur, nous étouffions, d'autant plus que le système de ventilation soufflait de l'air brûlant et chargé de gaz d'échappement. À cause de Carlo, nous ne pouvions même pas lever les stores et baisser les vitres. Nous étions prisonniers de cet embouteillage à cause de lui. Nous nous transformions en tueurs à cause de lui. Tout était de la faute de ce gros Blanc. Lui, savourait son coma en râlant, en bavant et en transpirant, fondant comme un paquet de saindoux. J'avais beau essayer de le maintenir à distance de moi, sa masse inerte et poisseuse finissait par revenir s'appuyer et se coller contre mon flanc.

J'ai envisagé de sortir le pistolet de ma poche de pantalon, d'armer la culasse et d'en finir avec lui. Je savais que je ne pouvais pas le tuer tout de suite, en plein embouteillage, mais l'envie ne m'en démangeait pas moins. Je ne supportais plus de sentir le contact moite de sa chair. Je me suis entendu dire à mes beaux-frères :

— Y a qu'à le buter maintenant.

— Tu es fou, s'est écrié Dragon. Le sang va gicler partout. Je ne veux pas que tu tires dans ma voiture.

La réaction de mon beau-frère m'a dérouté. Je voulais tuer un homme et, lui, Dragon, m'interdisait juste de salir son taxi. Il aurait dû me répondre que nous étions bloqués dans un embouteillage, coincés par des centaines et des centaines d'automobiles et de camions : les chauffeurs et les passagers, des milliers de personnes au total, entendraient la déflagration des coups de feu. Dragon ne s'inquiétait pas d'être surpris en train de tuer un homme. Oubliait-il que si nous étions arrêtés par la police, nous serions condamnés à mort ? Perdait-il la tête ?

Malgré la chaleur, j'ai soudain été agité de frissons incontrôlables en songeant à ma propre mort. Je ne manquerais à personne si je venais à disparaître. Depuis trois mois, je vivais dans un autre monde, où ne comptaient que l'argent, la haine et la violence, j'avais perdu ma femme, j'avais abandonné mes enfants et je me dégoûtais. J'étais rayé de la société des hommes. Luc H. n'existait plus, j'étais déjà un homme mort en fait, mais je ne voulais pas être arrêté par la police, je ne voulais pas être à nouveau jugé et condamné. J'étais effrayé à l'idée de mourir une seconde fois à cause de l'Italien.

— Tu trembles, a remarqué Fleuve.

Au même moment, Carlo a sursauté. Il a remué la tête et les jambes, puis a gigoté afin de se libérer. En le voyant sortir du coma, je me suis ressaisi et j'ai cessé de frissonner. Devais-je le réassommer ? Fleuve l'avait ligoté des pieds à la tête en lui attachant les bras dans le dos et en lui passant la corde autour de la taille et du cou, de telle façon qu'il ne pouvait ni se baisser, ni se lever, ni déplacer ses mains. Il ne parviendrait jamais à se détacher. Lui-même l'a compris assez vite et a essayé de crier. Il n'y est pas arrivé. Le bâillon que j'avais scotché sur sa bouche étouffait sa voix. Carlo ne poussait que de longs gémissements, mais ceux-ci résonnaient dans le taxi surchauffé.

— Faites-le taire ! a grogné Dragon.
— Et comment veux-tu qu'on s'y prenne ? ai-je rétorqué.
— Frappez-le !
— Encore ? On va le faire crever à force de lui cogner dessus.
— C'est ce qu'on veut, non ?

J'ai hésité. Je n'avais aucune envie de frapper Carlo, je n'avais plus envie de le liquider maintenant qu'il avait repris connaissance. Je désirais discuter avec lui avant de le tuer. Je désirais comprendre pourquoi il m'avait fait un procès, pourquoi il m'avait trahi, pourquoi il avait détruit ma vie, mais je ne pouvais pas le débâillonner dans le taxi. Il en profiterait pour appeler au secours.

— Je vais lui parler, ça le calmera peut-être, ai-je dit.

Au lieu de s'épuiser, Carlo gémissait de plus en plus fort. Son visage n'était plus qu'une fontaine de sueur. Le saisissant par les épaules, je l'ai secoué et lui ai lancé en français :

— Ferme-la ! Calme-toi ! Si tu m'entends, bouge la tête de haut en bas.

En entendant ma voix s'exprimer en français, Carlo s'est tu. Il a remué la tête comme je le lui avais demandé.

— Parfait, ai-je repris. Écoute-moi bien. On a plusieurs heures de route à faire ensemble, alors tu vas te tenir tranquille. Si tu fais des histoires, on te tue. Tu t'appelles Carlo, et tu es italien, n'est-ce pas ?

Il a hoché encore la tête, en essayant de dire quelque chose qui est demeurée incompréhensible à cause du bâillon.

— Pas la peine de te fatiguer à parler. On te détachera plus tard et on discutera. Reste calme. On ne te fera pas de mal. Comprends-tu ?

*

Deux heures plus tard, après avoir traversé d'immenses cités HLM en chantier, nous sommes sortis de la banlieue de Pékin, et la circulation est devenue fluide. Le brun kaki de la grande plaine du nord de la Chine, dite du Huabei, avait remplacé le gris du béton des villes chinoises. Des champs brûlés par la canicule des derniers mois, sans aucune végétation, s'étendaient à perte de vue, jusqu'à la ligne d'horizon. En bord de route, sur l'asphalte fumant de chaleur, des paysans avaient étalé leurs récoltes de céréales pour les faire sécher, et, en passant, les automobiles soulevaient des nuages de poussière ocre. Nous roulions vers le sud, en direction de Anping, un petit bourg où nous devions bifurquer pour rejoindre le village de Grand Oncle, quelques kilomètres plus loin, au bout d'un chemin de terre. Selon Dragon, nous serions à la ferme d'ici trois ou quatre heures, si tout allait bien…

De temps à autre, Carlo essayait de dire quelque chose. Je m'empressais de le rappeler à l'ordre et il s'écrasait. Je l'aurais cru moins docile, mais un homme ligoté et bâillonné perdait sans doute une grande partie de sa pugnacité.

Je me suis demandé quelle serait ma réaction si Carlo décidait à nouveau de se rebiffer. Nous roulions en pleine campagne, nous pouvions arrêter la voiture n'importe où, en faire descendre Carlo, lui régler son compte, et abandonner le cadavre sur le bas-côté. Nous ne risquions plus rien. Je pourrais aussi lui ôter son bâillon et avoir avec lui la discussion que j'attendais tant. Il pourrait hurler, il n'y aurait même pas un arbre pour l'écouter mourir. J'ai dit à mes beaux-frères que j'avais envie de le débâillonner.

— Comme tu veux, a soupiré Dragon qui ne partageait pas mon impatience d'interroger Carlo.

D'un geste vif, j'ai arraché l'adhésif sur sa bouche, puis j'ai enlevé aussi celui qui cachait ses yeux. Carlo a crié l'espace d'un instant, mais, en me voyant, il est devenu muet. Toute l'intensité de son regard affolé a pesé sur moi. Il m'avait reconnu, j'en étais certain.

— Tu sais qui je suis, n'est-ce pas ? lui ai-je demandé.

— Non... non... je ne sais pas, a-t-il balbutié.

Il mentait. Il m'avait reconnu. J'ai sorti mon pistolet et j'ai enfoncé le canon dans le gras de sa brioche.

— Tu sais qui je suis, ai-je répété.

— Tu... tu es Luc, le journaliste français. Que me veux-tu ?

— N'aie pas peur. Nous allons juste bavarder. Pourquoi m'as-tu traîné en justice ? Tu m'as trahi Carlo.

— De quoi parles-tu ?

— Je parle de mon reportage sur le tourisme sexuel. Tu t'en souviens ?

— Oh ! Je vois, et alors ? Le procès est fini depuis des années. C'est de l'histoire ancienne. D'ailleurs, les juges m'ont donné raison. Je ne t'en veux plus.

En entendant ça, je n'ai pas pu me retenir de lui envoyer le canon du pistolet en pleine mâchoire. Il a hurlé de douleur. Puis il m'a lancé, en articulant mal, comme s'il avait la bouche pleine de purée :

— Tu... Tu m'as cassé des dents... T'es fou. Tu vas me le payer cher, crois-moi. Cette fois, les juges te foutront en prison. Vas-y, frappe-moi ! Tu verras bien...

J'ai réussi à ignorer cette provocation, je ne voulais

pas entrer dans son jeu. Que cherchait-il ? Ses menaces me surprenaient. Après tout, il n'essayait peut-être pas de me provoquer. Voulait-il m'intimider et m'humilier ? Il était terrorisé, il tremblait, il bavait, et en même temps il me considérait vraiment comme un moins-que-rien.

Nous parlions en français, mes beaux-frères nous observaient sans rien comprendre. Je leur ai traduit en chinois les propos de Carlo. Je leur ai dit que je voulais juste comprendre pourquoi il m'avait fait un procès, pourquoi Jade était morte. Je leur ai demandé, désemparé par l'attitude de l'Italien :

— Qu'est-ce que je fais maintenant ?

— Ne te laisse pas impressionner par ce fils de pute, a dit Dragon. Fous-lui la trouille.

— Comment ? Ça ne sert à rien de le frapper.

— Dis-lui qu'il va mourir. Demande-lui s'il veut savoir pourquoi ?

— Crois-tu que ce soit une bonne idée ? S'il se sent perdu, il va paniquer. Il ne faut pas lui dire que nous allons le tuer.

— T'as peut-être raison. Le chat qui veut attraper une souris ne miaule pas.

Carlo était condamné d'avance, car je ne renoncerais pas à me venger. Sa vie était foutue, tout comme la mienne. Nous étions à égalité, nous n'avions plus rien à perdre ni l'un ni l'autre, mais il l'ignorait. Je devais conserver cet avantage sur lui. Je me suis mis dans le crâne que le meilleur moyen de le faire parler consistait à le rassurer, voire à le flatter au lieu de le violenter. Je lui ai dit :

— Tu t'es bien débrouillé. Tu m'as piégé en beauté. Quand nous étions aux Philippines, en 1983, tu pensais déjà à me faire un procès, n'est-ce pas ?

— Bien sûr que non, a-t-il ricané. Je ne te prenais pas trop au sérieux quand tu prétendais que tu étais un journaliste. D'ailleurs, je ne t'ai jamais fait de procès. Pas à toi. J'en avais rien à foutre de toi. J'ai fait un procès au magazine *Perché*.

– Pourquoi ?

– Pour l'argent, pardi !

– Comment t'y es-tu pris ? ai-je repris en simulant une certaine admiration.

– Quand j'ai appris que ton reportage était paru en Italie dans *Perché*, tout d'abord je n'en suis pas revenu. Tu ne m'avais pas baratiné, tu étais bien un journaliste, et j'étais plutôt fier de voir ma tête en pleine page d'un magazine. Mais ensuite, j'ai dû convaincre mes parents et mes amis que les accusations portées contre moi étaient mensongères. Ce n'a pas été difficile. Tout le monde m'a cru sur parole, car personne ne pouvait me contredire. Il n'y avait que des affirmations dans ton article, des affirmations sans aucune preuve. J'ai compris que personne ne pourrait jamais rien prouver contre moi. Ton article m'offrait une chance d'attaquer *Perché* en diffamation et de toucher de gros dommages et intérêts. Connais-tu le tirage de ce magazine ? C'est l'un des plus gros en Italie. Ainsi, je suis allé voir un avocat. Il m'a demandé si j'avais signé une autorisation de publier des photos de moi. J'ai répondu que non. Alors il m'a dit que nous étions sûrs de gagner le procès. Je ne me doutais pas que *Perché* et l'agence de photos te mettraient en cause, ni que le procès durerait dix ans. J'ai dû engager plusieurs avocats, des spécialistes de la diffamation et du droit de la presse. Ils m'ont sucé un maximum de fric. Au bout du compte, tu sais, j'ai juste fait cinq mille euros de bénéfice, pas plus. Ça en valait pas la peine, crois-moi.

Ma main m'a démangé d'envoyer un autre coup de pistolet dans la sale gueule de Carlo. Il avait ruiné ma vie, il avait tué Jade, pour rien. Je jugeais dans les grandes lignes son récit vraisemblable. Et il se plaignait, il ne pensait qu'à lui. Il ne s'était même pas enrichi comme il l'avait espéré et comme je l'avais moi aussi supposé. En juin, en recevant la mise en demeure de Pignon, j'avais calculé que les frais de justice représentaient soixante-dix pour cent des cent soixante-douze mille euros que j'avais été condamné à payer par le tribunal italien, ce qui aurait dû laisser une petite fortune de cinquante mille euros à Carlo. Je m'étais trompé. Les avocats avaient coûté encore plus cher que les frais de justice alloués par les juges. Finalement, Carlo n'avait gagné que cinq mille euros sur cent soixante-douze mille. Tout le reste était parti en fumée. Ou plutôt avait servi à engraisser des charognards d'avocats. Carlo et moi étions tous deux leurs victimes. Cette pensée m'a calmé et fait passer l'envie de le frapper.

Quelqu'un d'autre que moi, quelqu'un d'extérieur à mon affaire aurait peut-être estimé qu'il y avait tout de même une justice sur terre, car, après avoir enduré tant d'années de procès, Carlo n'avait pas vraiment été récompensé de sa malhonnêteté. Une telle analyse ne me satisfaisait pas.

Dans mon esprit, tout est devenu clair. Ni Carlo ni moi ne comptions dans le procès dont nous avions été les acteurs principaux. Une instance judiciaire ne consistait pas à résoudre un conflit entre des individus. Il y avait autre chose en jeu, beaucoup plus important : l'outil de production de la justice, la « machine judiciaire ». Une instance procure du travail à des tas de gens et leur permet de vivre. Ceux-ci produisent des jugements, tout comme l'agriculteur fait pousser le blé. La justice est donc une activité lucrative, au même titre que les assurances, le commerce ou le transport et, nous, nous ne sommes que les justiciables, des pions, des « clients », des consommateurs de services juridiques. Pour l'entreprise « Justice », peu importe ce que nous réclamons du moment que nous pouvons nous payer un procès. Le fait que Carlo ne se fût pas enrichi et que mon procès eût coûté si cher et tant traîné signifiait juste que Carlo s'était engagé dans la brèche de notre société de consommation. En bon citoyen-client, il avait désiré s'offrir le bien immatériel que constituait une procédure en justice, et personne ne l'en avait dissuadé. Au contraire, on s'était bousculé pour lui vendre des services juridiques. Il s'était fait manipuler et duper. D'autres que lui se seraient découragés au bout d'une ou deux années de procédure. Pas Carlo. Il avait gardé confiance en la justice de son pays et de l'Europe. Il avait engagé des avocats, il avait fait travailler des juges, des greffiers, des policiers, des secrétaires, il leur avait fait utiliser des ordinateurs, des kilos de feuilles de papier, des téléphones, des timbres, des photocopieurs... Il avait participé avec toute son énergie à la relance de la consommation, il avait lutté contre le chômage et la crise économique. Tout cela n'avait rien produit de positif, si l'on y réfléchissait un instant, mais l'entreprise « Justice » avait tout de même récompensé la fidélité de Carlo. Elle lui avait laissé cinq mille euros de pourboire.

Je comprenais enfin sa démarche. Il avait espéré augmenter son pouvoir d'achat et, effectivement, même si ce n'était pas de la manière à laquelle il s'attendait, il avait consommé en dépensant sans compter, il avait acheté des services juridiques. Il les avait bel et bien *consommés* – le verbe convenait –, car, le procès terminé, en dehors d'un pourboire et de quelques souvenirs, il ne lui restait rien de ces « produits » dont il n'avait nul besoin au départ. Carlo n'aurait jamais dû intenter un procès en diffamation, il avait été leurré. Je lui accordais des circonstances atténuantes pour tout le mal qu'il m'avait fait, je l'excusais, mais je n'oubliais pas sa culpabilité. Il devait payer. Il était à l'origine de mes ennuis judiciaires, il avait commis une erreur mortelle. S'il n'avait pas été aussi cupide et perfide, Jade serait restée en vie. Et lui aussi…

– Carlo, imagines-tu le mal que tu m'as fait ?

– Non. Je sais juste que l'assurance de l'agence photo a payé ta condamnation.

– Eh bien, en juin dernier, elle m'a demandé de tout rembourser. Te rends-tu compte, je dois cent soixante-douze mille euros. Pour les payer, je vais devoir vendre mon appartement. Je suis ruiné… et ce n'est pas le plus grave. Ma femme n'a pas supporté de tout perdre à cause d'une erreur judiciaire. Elle s'est suicidée. C'est toi qui l'as tuée en fait, car tout est de ta faute.

– Non, non. Moi, je n'ai tué personne, s'est défendu Carlo. Moi, j'ai juste attaqué le magazine *Perché* pour lui soutirer un peu de fric. C'est tout. Je ne suis pas responsable de tes problèmes. Tu n'avais qu'à faire appel du jugement si tu en étais mécontent. Tu ne t'es même pas défendu pendant le procès. Tu es resté contumace.

– Je n'étais pas au courant de l'existence d'un procès. Je n'ai jamais été cité à comparaître, et on m'a communiqué le jugement avec près de dix ans de retard. Comment aurais-je pu me défendre ou faire appel ?

– Ça, moi, je ne suis pas responsable des dysfonctionnements de la justice. Crois-moi, j'aurais préféré toucher mon fric tout de suite. J'ai dû attendre dix ans. Te rends-tu compte du souci que je me suis fait, de report d'audience en report d'audience ? J'en dormais plus, j'en mangeais plus.

– T'es une victime, je sais. En tout cas, tu n'as pas maigri, ou alors tu as drôlement récupéré depuis. Tu as une belle brioche, ai-je dit en caressant son ventre ruisselant de sueur. À mon avis, cela t'a bien arrangé que je sois contumace, ainsi je n'ai pas pu te contredire devant les juges. N'aurais-tu pas magouillé une embrouille quelconque pour que je ne sois jamais convoqué au procès ?

— Non, non. Moi, je n'avais rien à me reprocher. D'ailleurs, tu n'avais pas l'autorisation de publier mes photos.

Carlo m'exaspérait. Non seulement je devinais qu'il ne me disait pas toute la vérité, mais je constatais aussi qu'il se moquait de moi, qu'il n'essayait même pas d'être crédible. Ou alors, il avait tout oublié de notre voyage aux Philippines. S'était-il lui-même convaincu que j'avais volé ses photos et que j'avais menti sur lui dans mon reportage, à force de le répéter devant ses parents, ses amis, les avocats et les juges ? S'était-il inventé un nouveau passé, plus réel que la vérité ?

— Tu ne m'as pas donné l'autorisation de te recasser quelques dents, ai-je repris sur un ton sarcastique, mais j'ai quand même très envie de le faire. Est-ce que cela changera quelque chose si tu me signes une décharge avant ? Ou bien on s'en passe…

— Détache-moi, et je pourrai me défendre, a-t-il répliqué. C'est facile de frapper un homme quand il est ligoté. C'est bien dans ton genre. T'es qu'un lâche. Bats-toi comme un vrai mec !

J'avais décidé de ne pas brutaliser Carlo. Je me suis retenu de changer d'avis. Il semblait sincère quand il me crachait son mépris, mais il me provoquait bien en même temps, sans doute dans l'espoir que je m'offenserais, que je finirais par lui ôter ses liens et que je lui offrirais ainsi une chance de s'échapper. Il me prenait vraiment pour un idiot. J'étais peut-être un lâche, comme il le prétendait, mais je n'étais pas un idiot et je nourrissais trop de haine contre lui : il ne me donnerait pas d'ordre.

— Carlo, tu peux dire ce que tu veux. Moi, je me souviens qu'aux Philippines tu t'es payé des enfants et que tu m'as donné l'autorisation de le raconter et de publier tes photos dans un reportage.

— C'est faux. Je ne t'ai jamais donné mon autorisation écrite.

— Écrite ou verbale, quelle importance ? Tu me l'as donnée, point.

— Non, selon la loi, il n'y a que les autorisations écrites qui comptent. Sinon ce serait trop facile. N'importe qui pourrait prétendre n'importe quoi, comme toi en ce moment.

— Ne te fatigue pas Carlo, on n'est pas au tribunal ici. On est dans un taxi, à une centaine de kilomètres de Pékin, en rase campagne... et les deux hommes qui voyagent avec nous sont le frère et le beau-frère de ma femme. Elle était chinoise, et elle est morte à cause de toi. Tu comprends ? Autorisation écrite ou verbale, quelle importance à présent ? Mes beaux-frères ne sont pas des juristes, ils vont s'énerver si je leur traduis comment tu te fous de nous en plus. Alors avais-je ton autorisation, oui ou non ?

Carlo a reniflé puis baissé les yeux tout en murmurant :

— Oui.

— Plus fort !

— Oui ! Et merde, à quoi tu joues ? Que veux-tu de moi ? Du fric ? J'en ai pas. Je te le jure.

Je l'ai suspecté de mentir également sur ce point. Il avait de l'argent pour voyager, de quoi séjourner plusieurs mois aux Philippines en se payant des enfants. Mais son argent ne m'intéressait pas. Je voulais lui prendre sa vie.

— Je vais t'expliquer ce que nous avons l'intention de te faire, ai-je répondu. Nous allons chez un oncle de ma femme, et, une fois là-bas, nous te filerons une bonne correction. Tu n'auras plus jamais envie de faire un procès à quelqu'un ni de coucher avec des enfants.

Carlo a blêmi. Il a ouvert de grands yeux de fou tout en bredouillant. Il essayait de formuler une phrase, mais n'arrivait pas à articuler les mots.

— As-tu pensé à moi, ai-je repris, quand tu as gagné le procès, quand tu as encaissé tes cinq mille euros tout en sachant que j'étais condamné à en payer cent soixante-douze mille ? Comment as-tu pu croire que je me laisserais saigner comme un mouton ?

Il s'était un peu calmé. Il m'a demandé :

— Que… Que pouvais-je faire ? Je ne pouvais pas faire annuler le jugement.

— Alors ?
— Alors quoi ?
— Es-tu responsable oui ou non de la mort de ma femme ?

Carlo a hésité avant de répondre. Son gosier s'est gonflé et contracté. Il a essayé d'avaler sa salive plusieurs fois et, à la grimace qu'il a faite, j'ai vu que cela lui faisait mal de déglutir.

— Je suis désolé, a-t-il réussi à dire. Pardonne-moi.
— Crois-tu que cela rendra la vie à ma femme ?
— Que puis-je faire ?
— Rien. Rien du tout.
— Vous allez me tuer, n'est-ce pas ?

J'ai regardé Carlo dans les yeux, et lui aussi m'a fixé. L'idée de mourir le glaçait d'effroi. Que devais-je lui répondre ? Dragon m'avait rappelé que le chat qui voulait attraper une souris ne miaulait pas. J'aimais l'image de ce proverbe. Je continuerais donc de cacher à Carlo que nous allions le tuer. Carlo avait reconnu sa culpabilité, il m'avait même demandé pardon, mais tout cela n'effaçait pas pour autant ma condamnation en justice ni sa dette de sang. Mon silence l'a inquiété. Il a redemandé :

— Vous allez me tuer, n'est-ce pas ?
— Non.

— Je ne te crois pas. Pourquoi as-tu un pistolet ?
— Juste pour te tenir en respect. Je n'ai pas l'intention d'utiliser mon arme si tu ne m'y obliges pas.

Je ne devais pas être très convaincant car, le visage de plus en plus crispé d'angoisse, Carlo a proposé de lui-même :

— Je vous donnerai de l'argent si vous me relâchez.

Je savais qu'il m'avait menti : il avait bien de l'argent.

Se souvenait-il que, quelques minutes auparavant, il avait juré qu'il n'en avait pas ? De même, il avait d'abord prétendu ne pas me reconnaître. Ensuite, au début de notre conversation, il avait dit qu'il ne m'en voulait plus à cause du procès, avant de déclarer qu'il n'en avait rien eu à « foutre » de moi. Il avait également changé de position à propos de l'autorisation qu'il m'avait donnée de publier ses photos. Je ne voulais même plus savoir s'il se rappelait ses crimes sexuels. Carlo se contredisait d'une minute à l'autre, et il n'y attachait aucune importance. Il ne pensait qu'à lui, il n'avait aucun respect pour autrui. Carlo était un homme sans parole et sans mémoire. Il était inutile de le traiter de menteur. Par curiosité pourtant, je voulais savoir combien il était prêt à payer en échange de sa liberté.

— Combien nous donneras-tu ?
— Je... je peux vous donner trois mille euros.
— Seulement ? Ta liberté ne vaut-elle pas plus cher ?
— C'est tout ce que j'ai sur moi.

De nouveau, Carlo nous menait en bateau, et son jeu commençait à m'amuser. Son argent ne m'intéressait vraiment pas, mais j'ai dit, pour le tenir en haleine et voir au bout de combien de temps il se souviendrait qu'il possédait plus de trois mille euros :

— Il faut que je discute de ta proposition avec mes beaux-frères. D'accord ?

— D'accord, s'est-il empressé de répondre, croyant que j'acceptais de négocier.

J'ai résumé à mes beaux-frères ce dont, Carlo et moi, nous avions discuté, sans oublier de mentionner les trois mille euros. Dragon s'est mis à tambouriner du bout des doigts sur son volant, puis il a quitté des yeux la route pendant une fraction de seconde, se retournant et me décochant une œillade. Nous avions la situation en main, mais nous ne devions pas nous réjouir trop vite. Fleuve restait pensif, et j'aurais apprécié que Dragon gardât lui aussi la tête froide. Se redressant sur son siège, il m'a demandé :

— Tu ne vas pas refuser les trois mille euros, hein ?

Je n'en croyais pas mes oreilles. Dragon était prêt à libérer Carlo contre une poignée de billets.

— On serait bien cons de ne pas lui piquer son fric, a-t-il ajouté.

— C'est pas vrai ! me suis-je écrié. Tu ne veux plus tuer l'Italien…

— Je n'ai jamais dit ça. On lui pique son fric, et après on le tue quand même.

— Non. On ne va pas s'abaisser à l'arnaquer.

— Pourquoi pas ? Il t'a bien refait.

— Nous, nous ne sommes pas aussi pourris que lui.

— Que proposes-tu ? J'ai besoin de fric, moi.

— Il faut venger Jade. On est là pour ça. Alors on tue d'abord l'Italien, et ensuite, si tu veux, tu le dépouilles. Moi, je ne veux pas de son argent.

— Ça me va. Pour moi, avant ou après, cela ne fait aucune différence du moment que les billets de ce fils de pute finissent dans ma poche. On ne va pas tout de même les renvoyer à sa mère.

Et Dragon s'est esclaffé.

Carlo ne pouvait pas comprendre ce que mes

beaux-frères et moi avions décidé en chinois, mais il s'est affolé en entendant rire Dragon. Telle une girouette par un jour de grand vent, il a tourné la tête vers moi, puis vers Fleuve, très vite et plusieurs fois.

— Que se passe-t-il ? a-t-il imploré en français d'une voix tremblante. Pourquoi rit-il l'autre devant ?
— Nous ne voulons pas de ton argent.
— Qu'y a-t-il de si drôle ?
— Tes trois mille euros ne nous intéressent pas. C'est étonnant, n'est-ce pas ?
— Mais pourquoi refusez-vous mon argent ? C'est pas assez, hein ?
— Qu'en penses-tu ? Mets-toi à notre place !
— Combien voulez-vous ?

Je n'ai pas répondu. Carlo a reniflé et soupiré :
— Bon, d'accord. Je peux vous donner deux mille euros de plus, soit cinq mille euros au total. C'est ce que m'a rapporté le procès. Ainsi nous serons quittes. Cela vous fera près de deux mille euros chacun. Je ne peux pas vous donner davantage…

Je lui ai coupé la parole :
— Carlo, pour qui me prends-tu ? Est-ce que j'ai une tête de marchand de tapis ?
— Non.
— Et mes beaux-frères, ont-ils des têtes de marchands de tapis ?
— Non, non…
— Alors pourquoi marchandes-tu avec nous ?
— Je… je ne sais pas…
— Te rends-tu compte du pétrin dans lequel tu te trouves ? Crois-tu que l'argent puisse tout acheter ?
— Je suis désolé.
— Désolé de quoi ?
— Je ne sais pas. Je n'en peux plus…
— Carlo, garde ton sale fric. Tu peux te torcher avec ! ai-je explosé de colère. Nous voulons juste te faire

payer la mort de ma femme. Et ce n'est pas avec de l'argent qu'on règle une dette de sang.

Carlo a fermé les paupières. Il s'est mis à claquer des dents, comme s'il grelottait de froid ou de fièvre. J'ai réalisé que, dans mon emportement, j'avais été trop explicite. Carlo venait de comprendre que nous le tuerions. Il a rouvert des yeux hagards. Il était au bord des larmes et ne regardait personne. Ayant dépassé le stade de la peur et de l'angoisse, il n'était plus avec nous dans le taxi, il donnait l'impression d'être perdu, de se noyer dans son désespoir. Il a éclaté en sanglots et crié :

— J'veux pas mourir ! J'veux pas mourir !

Je me suis senti totalement impuissant. Je n'allais pas quand même consoler Carlo.

— Faites-le taire ! a vociféré Dragon.

Sans réfléchir davantage, j'ai plaqué mes deux mains sur la bouche de Carlo. Il m'a mordu, et j'ai réappuyé de toutes mes forces en écrasant ses lèvres et même son nez. De la salive tiède et rougeâtre a ruisselé entre mes doigts. C'était écœurant, je ne savais pas qui saignait, si c'était Carlo, ou bien moi à cause de la morsure sur mes mains, ou encore nous deux, mais je maintenais la pression sur son visage et il ne pouvait plus me mordre désormais. J'ai réussi à l'empêcher de respirer, ce qui l'a calmé.

— Tais-toi, tais-toi, ai-je dit en ôtant lentement mes mains, prêt à les replaquer au moindre cri.

Il m'a écouté, pleurnichant et répétant à voix basse qu'il ne voulait pas mourir, puis il a laissé tomber la tête sur sa poitrine.

Carlo s'est réveillé une trentaine de minutes plus tard. Il s'est tourné vers moi. Les pupilles dilatées et ternes, ses yeux bouffis regardaient dans le vague, derrière moi. Il m'a dit d'un ton las qui ressemblait à celui d'une supplication :

– On peut s'arrêter, s'il te plaît... J'ai envie de pisser.

– Quoi ? Tu n'as qu'à te retenir.

– Je n'y arriverai pas. Je t'en prie...

J'ai été obligé de traduire à Dragon ce que demandait Carlo :

– L'Italien veut aller aux toilettes. Il demande que tu arrêtes la voiture.

– Il se fout de nous. Il veut juste en profiter pour s'échapper. Dis-lui de faire dans son froc.

Je n'ai pas protesté. Sous ses airs de chien battu, Carlo nous préparait-il un coup fourré ? Je lui ai répondu :

– Le chauffeur ne veut pas s'arrêter.

– Mais je ne peux plus me retenir. Je vais pisser sur moi.

– C'est exactement ce que mon beau-frère dit que tu dois faire...

Soudain, j'ai vu un homme perdre la raison. Carlo a hurlé. Il s'est agité sur son siège, se contorsionnant pour essayer d'écarter les bras et les jambes, pour faire sauter ses liens. Il ressemblait à un dément en train de se tortiller dans une camisole de force. Il bavait et braillait des paroles incompréhensibles, peut-être en italien, et ses yeux exorbités luisaient.

Cette fois, Dragon n'a rien dit. Il a braqué le volant vers la droite et garé le taxi sur le bas-côté de la route, puis, se penchant par-dessus son siège pour faire face à Carlo, lui a envoyé une volée de coups de poing en pleine figure.

– Arrête ! Tu vas le tuer.

– Et alors ? m'a-t-il répliqué tout en continuant de frapper jusqu'à ce que Carlo s'évanouisse. Maintenant, tu lui scotches la gueule. Y en a marre de ce fils de pute.

J'ai de nouveau bâillonné Carlo, mais j'ai eu du mal à faire tenir la bande adhésive. Il avait le nez cassé, et ses narines pissaient le sang, baignant sa bouche et son menton. L'adhésif ne collait pas, et j'ai dû effectuer plusieurs tours autour de sa tête avec le rouleau.

Carlo perdait beaucoup de sang, et je me suis demandé s'il reviendrait à lui. Il était peut-être en train de mourir, de respirer ses dernières bouffées d'air, ce qui ne me déplaisait pas mais me contrariait malgré tout. Je voulais venger Jade de ma propre main. Dragon n'avait pas le droit de tuer Carlo à ma place.

*

Le soleil descendait sur l'horizon, il commençait à faire moins chaud dans la voiture. Je regardais Carlo, espérant qu'il reprendrait connaissance. Il ronflait avec des râles d'agonie, comme s'il s'étouffait par instant. Le sang coagulait en longues croûtes noirâtres sur son visage. Dragon l'avait salement amoché.

Je suis revenu mentalement en arrière. J'ai fait défiler dans ma mémoire l'enchaînement de circonstances qui avaient mené Carlo à sa propre perte, au bout de vingt longues années. J'avais rencontré un pédophile grâce à qui j'avais réalisé un reportage, ce qui avait donné lieu à un procès que j'avais perdu et qui avait acculé Jade au suicide. Je voulais venger sa mort en tuant Carlo. Serait-il resté en vie si un seul de ces événements ne s'était pas produit ?

Cette interrogation était sans intérêt. Que deux faits se fussent succédés ne signifiaient pas pour autant qu'il existât forcément un lien déterminant, indispensable, de causalité entre eux. La situation pouvait être résumée en oubliant tous les événements intermédiaires, en ne considérant que le point de départ et le point d'arrivée : Carlo était un pédophile et il allait mourir. Il avait commis tant de crimes sur tant d'enfants, ce qui le condamnait à être châtié un jour ou l'autre. La cause de sa mort ne serait ni moi, ni le procès, ni le suicide de Jade, mais sa perversité sexuelle. Je n'avais aucune raison d'être mécontent ou de me formaliser si Dragon me remplaçait dans mon rôle de bourreau.

*

Nous sommes arrivés après la tombée de la nuit dans le village de Grand Oncle. Nous n'avons rencontré personne sur le chemin de terre qui serpentait entre les fermes. Les paysans étaient déjà rentrés de leurs champs, ils devaient dîner à cette heure.

Ce village était une agglomération d'une cinquantaine de maisons basses en briques, sans caractère, cachées derrière des murs d'enceinte en torchis. C'était un village couleur de poussière, comme tous les villages de la grande plaine du nord de la Chine, un village où trois cents personnes vivaient en quasi-autarcie, se nourrissant des céréales et des légumes qu'ils cultivaient, et des porcs et des volailles qu'ils élevaient. Toutefois, cette communauté était l'une des moins pauvres de la région, car la source qui alimentait le petit étang public à la sortie du village ne tarissait pas en été, et les paysans irriguaient leurs champs grâce à un ingénieux système de canaux souterrains, creusés plusieurs siècles auparavant.

La ferme de Grand Oncle était construite une centaine de mètres en retrait de l'étang. Quand nous avons atteint son porche, je suis descendu ouvrir le portail en bois. Dragon a conduit le taxi dans la cour intérieure. Une ampoule nue s'est allumée sur la façade du bâtiment principal, et Grand Oncle est sorti d'une pièce tandis que Dragon et Fleuve tiraient Carlo de la voiture.

Ils l'ont porté par les jambes et les bras et jeté sur le sol boueux, jonché de crottes de poules et de mégots. En tombant, Carlo s'est réveillé. Il a grommelé, essayé de se redresser, puis s'est tourné sur le ventre et a rampé comme un ver. Dragon a posé un pied sur son dos.

– Qui vient là ? a demandé Grand Oncle qui s'avançait à notre rencontre et ne nous reconnaissait pas dans l'obscurité de la cour.

– C'est nous, Fleuve, Luc et Dragon, a répondu ce dernier.

– Ah… vous m'avez fait peur. Vous arrivez de Pékin, n'est-ce pas ? Que se passe-t-il ? Et qui c'est celui-là ? a dit Grand Oncle en voyant Carlo ligoté et immobilisé à terre.

Nous n'avons échangé aucune poignée de main, aucune accolade. Comme je l'ai déjà expliqué, les Chinois, et d'autant plus un paysan tel que Grand Oncle, étaient des gens trop frustes et trop pudiques à la fois pour épancher leur tendresse, leur plaisir de recevoir la visite d'un parent. Celui-ci devait être accueilli comme si la maison de son hôte était la sienne, sans faire de manières. Des formules de salutation et de politesse auraient semblé déplacées ; elles auraient installé une distance et une gêne, semblables à celles que l'on éprouve devant un étranger de la famille. Sans tergiverser, Dragon s'est chargé de raconter à Grand Oncle qui était Carlo et pourquoi nous étions venus.

Grand Oncle était un Chinois de petite taille, âgé d'une soixantaine d'années. Il était plus jeune que Papa, mais il semblait plus vieux. Il avait des yeux très bridés et un visage rond et plissé comme une vieille pomme, ce qui laissait croire qu'il était toujours en train de sourire. Mais peut-être souriait-il pour de vrai, car cet homme avait une nature débonnaire.

Dans l'obscurité, je n'ai pas réussi à distinguer l'expression de son visage quand Dragon lui a annoncé le suicide de Jade, toutefois, je l'ai entendu cracher par terre, sans doute en direction de Carlo. Cette réaction m'a surpris. Je n'aurais pas cru Grand Oncle capable de manifester une telle animosité.

— Rentrez-le dans la maison, a-t-il dit en désignant Carlo.

Le bâtiment principal de la ferme ne comportait que deux pièces : une salle à manger et une chambre, mais, selon les normes chinoises, ce logement était immense pour un homme seul. La femme de Grand Oncle était morte d'une attaque en 1996, la même année que la mère de Jade. Personne ne savait si elle avait succombé à un infarctus, à une crise d'épilepsie ou à une hémorragie cérébrale, car son corps avait été inhumé sans être autopsié. Les médecins du petit hôpital public de Anping, le chef-lieu, ne se déplaçaient pas dans les villages. Grand Oncle avait eu deux filles avec notre tante. Selon la tradition, après leur mariage, mes cousines étaient parties habiter dans leurs belles-familles. Ainsi Grand Oncle vivait seul.

Un réfrigérateur, un réchaud à gaz, un téléviseur et deux fauteuils éventrés dont la bourre s'échappait meublaient la salle à manger. Le téléviseur n'était pas allumé. L'écran était recouvert d'un napperon en soie sur lequel étaient peints à l'encre de Chine de jolis motifs de bambous. Ce poste de télévision remplissait un rôle décoratif dans cette pièce aux murs chaulés et au sol de béton brut. Contre le mur du fond se trouvait enfin l'immuable élément d'un intérieur rustique chinois : le *kang*, celui-là même sur lequel, pendant toute leur enfance, mes deux cousines avaient dormi. Leurs parents couchaient eux aussi sur un *kang*, dans la chambre à côté.

Le *kang* n'était ni un lit ni une cheminée, mais les

deux à la fois, un lit de terre, une estrade d'un demi-mètre de hauteur sous laquelle courait un conduit de fumée afin de chauffer cette plate-forme de couchage en hiver. Un *kang* ne servait pas qu'à y dormir. Un *kang* était une petite scène de théâtre où les gens mangeaient, fumaient, buvaient du thé et bavardaient pendant des heures. Le *kang* était le cœur de chaque chambre à la campagne. Mais depuis le mariage de mes cousines et leur départ, le *kang* de la première pièce ne servait à Grand Oncle que pour y prendre ses repas. Cette pièce était donc devenue une salle à manger.

Nous avons adossé Carlo contre le réfrigérateur, puis nous nous sommes assis en tailleur sur le *kang* autour d'une petite table basse. Grand Oncle nous a servi du thé au jasmin et j'ai fait passer à la ronde mon paquet de cigarettes. Carlo nous regardait en silence, sans bouger. Était-il trop affaibli ou trop désespéré ?

Quand j'ai sorti le pistolet pour le montrer à Grand Oncle, j'ai entendu Carlo gémir. Dragon l'a menacé de son poing, et il s'est aussitôt tu.

— C'est une belle arme, a déclaré Grand Oncle, avec son habitude de tout positiver. L'Italien comprend-il ce que nous disons ?

— Non, il ne parle pas le chinois, ai-je dit.

— Alors tu vas le tuer d'une balle dans la tête.

Il a marqué quelques secondes de pause, s'est caressé les lèvres du bout de ses gros doigts boudinés de cultivateur, et a ajouté :

— Veux-tu le tuer ce soir ? Ici ?

— Je n'ai pas encore réfléchi à ces détails.

— Tu ne peux pas le tuer chez moi. Les voisins entendront le coup de feu. Ils se précipiteront pour voir ce qui se passe.

La réponse de Grand Oncle était trop tranchée.

Essayait-il de me dire qu'il refusait de m'aider à liquider Carlo, qu'il avait peur d'être le complice d'un assassinat ? Selon la tradition chinoise, eu égard à son grand âge, je le vouvoyais et devais lui témoigner le plus grand respect. Je ne pouvais pas lui demander de but en blanc s'il se dégonflait. Je ne tenterais pas davantage de le convaincre en lui proposant de l'argent, comme je l'avais fait avec mes beaux-frères.

— Ne t'en fais pas, a soupiré Grand Oncle en se levant du *kang*. Nous allons bien trouver une solution. Tout d'abord, je vais vous préparer à manger. Vous devez avoir le ventre vide. On ne peut pas réfléchir quand on a la tête dans l'estomac...

Il avait raison, mais je n'avais pas faim. Je me sentais dans un état de totale surexcitation, et je pensais que Fleuve et Dragon se souciaient aussi peu que moi de leur estomac. Nous voulions tous les trois en finir au plus vite avec Carlo, mais les règles de l'hospitalité imposaient à Grand Oncle de nous servir à dîner et nous commandaient à nous autres, les visiteurs, de ne pas refuser de manger, ce qui aurait été un affront pour Grand Oncle. Il pourrait croire qu'il faisait mal la cuisine ou bien qu'il nous offrait quelque chose de trop médiocre.

Heureusement, Grand Oncle s'est contenté de faire griller des cacahuètes et de faire sauter des œufs brouillés et des feuilles de moutarde en saumure, légume typique du nord de la Chine. Il a placé la nourriture et des paires de baguettes sur la petite table autour de laquelle nous étions assis. Avant de se joindre à nous, il n'a pas oublié d'apporter une bouteille d'eau-de-vie et des petits verres en porcelaine blanche.

Cet alcool n'était pas du *maoniao*, de la « pisse de chat » comme disent les Pékinois pour désigner un tord-boyaux. C'était du Laobaigan, une eau-de-vie de grain distillée dans la ville de Hengshui, à une cinquantaine de kilomètres du village de Grand Oncle, en allant vers le sud. Le Laobaigan était très apprécié dans la région, mais sa renommée ne s'étendait pas au-delà. C'était un produit authentique du terroir chinois, un alcool bon marché et de qualité dont l'élaboration n'était pas concoctée, traficotée, peaufinée par les chimistes de la grande industrie agro-alimentaire. Il titrait soixante-cinq degrés, mais ne brûlait pas la bouche.

Nous avons porté plusieurs toasts, faisant cul sec et grappillant la nourriture avec nos baguettes. Les cacahuètes salées, les œufs brouillés et le Laobaigan s'harmonisaient à merveille.

Carlo ne bronchait plus. Cette présence étrangère et silencieuse a fini par incommoder Grand Oncle.

— Ce n'est pas bien de manger devant un homme qui a le ventre vide, a-t-il dit. Ça me coupe l'appétit. Vous allez le tuer, d'accord, mais ce n'est pas une raison pour l'affamer. Surtout pas dans ma maison. Il faut lui donner à manger.

— Voulez-vous l'inviter à notre table ? a lancé Dragon sur un ton ironique.

— Je n'ai pas dit cela. Il peut manger où il est. Je vais lui apporter quelque chose.

Mes beaux-frères et moi n'avions pas le droit de contredire Grand Oncle. Il est descendu du *kang*, a ouvert la porte du réfrigérateur et a sorti une assiette contenant trois petits pains blancs à la vapeur. Il l'a déposée à côté de Carlo, qui ne comprenait rien et m'interrogeait du regard.

— Luc, détache-lui les mains et ôte-lui son bâillon, a ordonné Grand Oncle.

— Il va crier, il va essayer de s'enfuir…
— Pour aller où ?
— Laisse-moi m'occuper de l'Italien, a grommelé

Dragon en se levant du *kang*. Toi, dis-lui juste de manger sans faire d'histoires.

Dragon voulait-il me protéger ? Me considérait-il moins capable que lui de maîtriser Carlo si celui-ci, une fois les mains libérées, tentait de me frapper ou même de détacher ses jambes et de sortir de la maison ? Il avait raison. J'étais beaucoup moins costaud que Dragon, et je ne savais pas me battre. Je ne m'étais jamais bagarré comme lui dans les rues. Je me rappelais comment, dans l'après-midi, il avait amoché Carlo. Ses poings étaient des armes.

Dragon a commencé par arracher l'adhésif de la bouche de Carlo qui a hurlé de douleur. Sans aucune pitié, Dragon l'a fait taire d'une paire de gifles, puis il lui a délié les mains.

— Carlo, ne crie pas ! ai-je dit. On ne va pas te faire de mal. Notre oncle veut que tu manges.

— Quoi ? s'est-il étonné en ramenant ses mains devant sa figure, pour se protéger des coups de Dragon. Je n'ai pas faim. Je m'en fous de manger. Je veux juste m'en aller.

— Mange d'abord !

— Pourquoi ?

— Parce que ça gêne notre oncle de se mettre à table devant un homme qui a le ventre vide.

— Relâchez-moi. Je vous donnerai encore plus d'argent et je ne vous dénoncerai pas à la police.

— Sur ce point, je te crois. Tu serais obligé de parler de tes crimes sexuels pour expliquer ton enlèvement...

— Je peux vous donner plusieurs dizaines de milliers d'euros. Je ne les ai pas sur moi, mais je vous paierai dès mon retour en Italie. Crois-moi, je suis assez riche. Je possède un magasin à Vintimille.

— Je sais, j'y suis allé.

— Quoi ? Quand ça ?

— J'y suis allé au début du mois. J'ai parlé à ta mère.

– À ma mère ? Que lui as-tu fait ?
– Elle m'a dit qu'elle t'écrivait à la poste-restante de Pékin. C'est ainsi que je t'ai retrouvé.
– Oh, mon dieu !

Et Carlo a enfoui sa tête dans ses mains. À quoi pensait-il ? En voulait-il à sa mère ? Ne l'avait-elle pas vendu malgré elle ?

– Allez, mange.

Il a redressé la tête et, les yeux larmoyants, m'a demandé :

– Combien exigez-vous pour me libérer ?

Je n'ai pas répondu. J'en avais assez de cette discussion qui ne menait nulle part. J'ai envisagé de le détendre en lui faisant boire du Laobaigan, mais j'y ai renoncé, tout comme, quelques jours plus tôt, en préparant son kidnapping, j'avais écarté la possibilité de lui administrer un somnifère une fois que nous l'aurions enlevé dans le taxi. Je ne voulais ni le droguer, ni le soûler. Il devait rester lucide, pour se voir mourir.

Dragon se tenait accroupi devant lui. S'impatientant lui aussi, il a brandi le poing d'un air menaçant, un argument qui a convaincu Carlo. Il a porté un petit pain à sa bouche et a mordu dedans. Il a mastiqué lentement en grimaçant.

– Avale !
– Je ne peux pas. J'ai la bouche en sang.
– Force-toi, sinon notre oncle se vexera et mon beau-frère te corrigera.

Carlo a obéi. Il a avalé une bouchée de pain en se raidissant de douleur, recrachant quelques grumeaux sanguinolents. J'ai cru un instant qu'il allait tout vomir. Dragon lui a fait signe de continuer à manger, car, comme nous autres, il devait finir ce que lui avait servi notre oncle.

Grand Oncle avait pensé accomplir une bonne action en offrant de la nourriture à Carlo, je n'en doutais pas, mais, en réalité, le faire manger était un vrai supplice pour lui comme pour nous. Cette scène me rappelait une coutume anthropophage que j'avais lue dans l'*Histoire d'un voyage faict en la terre du Brésil*, un récit du XVIe siècle. L'auteur, Jean de Lery, y racontait comment les cannibales Tupinamba prenaient soin de leurs prisonniers de guerre, leur donnant à manger ce qu'ils avaient de meilleur, les « engraissant comme des pourceaux », leur permettant même d'avoir des rapports sexuels avec les femmes célibataires de la tribu. Cette hospitalité pouvait durer pendant des années, jusqu'au jour où les prisonniers étaient assommés, dépecés, boucanés et mangés. Même si ce cannibalisme lié à la guerre assouvissait un rituel de vengeance sur l'ennemi vaincu plus qu'un besoin alimentaire en protéines, les Tupinamba se conduisaient néanmoins comme n'importe quel éleveur gavant ses bêtes pour avoir plus de chair à manger ou à vendre. Personne ne serait assez stupide pour affamer un poulet avant de le tuer.

La comparaison entre le cannibalisme Tupinamba et le traitement que nous infligions à Carlo ne s'arrêtait pas là, et elle n'était pas si négative. Sans pour autant l'excuser, Jean de Lery relativisait la férocité des « sauvages anthropophages » en la confrontant à celle des usuriers français qui « suçaient le sang et la moelle, mangeant vivants tant de veuves, d'orphelins et d'autres pauvres personnes auxquels il aurait mieux valu leur couper la gorge tout d'un coup plutôt que de les faire ainsi languir ». Les Tupinamba ne faisaient pas souffrir leurs victimes, ils témoignaient de plus d'humanité. Montaigne avait lui aussi comparé le cannibalisme des tribus *primitives* à la soif de pouvoir et d'argent des hommes *civilisés* de l'Europe chrétienne du XVIᵉ siècle : « Je pense qu'il y a plus de barbarie à manger un homme vivant qu'à le manger mort. »

Ce soir, je pensais donc à Lery et à Montaigne en donnant à manger à Carlo. Je me disais qu'ils n'auraient pas critiqué la manière dont j'allais exécuter mon ennemi, d'une balle dans la tête, sans le faire souffrir au préalable. Je serais un criminel brutal, agissant comme un Tupinamba, et non comme un Occidental civilisé.

En me déclarant la guerre, Carlo m'avait obligé à me défendre, à le tuer, et j'accomplirais ma sale besogne le moins salement possible. Je ne redoutais plus de ressembler à un cannibale plutôt qu'à un juge des démocraties occidentales. J'avais enlevé Carlo en fin de matinée. Je pouvais lui régler son compte dans la nuit, alors que les tribunaux européens avaient mis vingt ans à me condamner, ayant tant et si bien déprimé Jade qu'ils l'avaient poussée au suicide. J'étais peut-être devenu fou, mais je souriais en pensant que je me conduisais comme un *brave* cannibale en donnant à manger à Carlo avant de le tuer.

Oui, je me sentais bien dans la peau d'un assassin. J'étais parfaitement en accord avec moi-même. Je n'éprouvais plus aucune gêne de contraindre l'Italien à manger. Je comprenais Grand Oncle désormais.

Carlo a réussi à ingérer les pains, et Grand Oncle lui a offert un verre de thé. Ensuite, Dragon lui a réattaché les mains, il nous a rejoints sur le *kang*, et nous avons mangé à notre tour.

Nous n'avions pas encore décidé où et quand nous allions tuer Carlo. Je considérais le problème sous différents angles, en songeant aux habitants du village et en évaluant le risque de faire sortir Carlo. Mais je ne pouvais envisager qu'une seule solution, puisque

Grand Oncle m'interdisait de tirer un coup de feu chez lui.

— Si nous conduisons l'Italien dans un champ, assez loin du village, ai-je dit, je pourrai me servir du pistolet.

— Et ensuite ? a demandé Grand Oncle.

— Quoi ensuite ?

— Que ferez-vous du cadavre ?

— Nous l'abandonnerons sur place.

— Cela ne se fait pas de laisser un corps humain pour qu'il soit mangé par les chiens errants. Il faudra l'enterrer. En plus, personne ne doit le retrouver.

Grand Oncle avait toujours vécu dans son village, il en connaissait chaque parcelle. Il nous a parlé d'un petit bouquet d'arbres situé en plein milieu des champs. Personne n'y venait la nuit. Nous pouvions nous y rendre en voiture, en empruntant une piste. La terre y était caillouteuse, ce qui expliquait pourquoi elle n'était pas labourée et emblavée. Le cadavre ne risquerait pas d'être déterré un jour ou l'autre par une charrue.

Carlo avait vécu une quarantaine d'années et son corps allait pourrir sous un bouquet d'arbres perdu dans la campagne chinoise. Rien ne rappellerait l'existence de ce monstre aux yeux du monde extérieur, pas même une pierre tombale, mais je ne devais pas m'apitoyer sur lui.

La nourriture semblait l'avoir calmé. Il murmurait de longues phrases que je ne comprenais pas, comme s'il récitait des prières en italien ou en latin. Sous ses fesses et entre ses jambes, une flaque de liquide transparent s'infiltrait dans le sol bétonné : Carlo avait uriné dans son pantalon.

Mes beaux-frères et Grand Oncle l'ont remarqué en même temps que moi, ou juste après, en me voyant fixer Carlo avec dégoût. Quand il a senti tous nos regards peser sur lui, il s'est remis à trembler et à crier tout en pleurant :

— J'veux pas mourir ! J'veux pas mourir !

Que pouvais-je lui dire ? Il n'y avait aucune part d'ostentation dans ses lamentations, et il ne nous proposait plus d'argent. Il était au bout du rouleau, au bout de sa vie. Il avait raison d'être désespéré, de crier et de pleurer, car il avait commis tant de crimes. Il allait en mourir. Personne ne pouvait plus rien pour lui.

Carlo a fini par se taire de lui-même. Il a recommencé à murmurer des prières.

Vers vingt-deux heures, Grand Oncle s'est levé du *kang* en disant :

— Allons-y ! À cette heure, nous ne rencontrerons personne sur la route. Je vais chercher une pelle et une pioche, et pendant ce temps vous faites monter l'Italien dans la voiture.

Carlo ne pouvait pas marcher à cause de la corde qui lui entravait les jambes, mais il s'est laissé traîner sans se débattre. Il semblait résigné. Il sentait très mauvais, la transpiration, l'urine et le sang mélangés. Il m'a juste demandé, en franchissant le seuil de la maison :

— Où m'emmenez-vous ?

— Nous allons faire un tour en voiture.

— Et après ?

— Ne t'inquiète pas. Tout sera bientôt fini.

— J'veux pas mourir, j'veux pas mourir… a-t-il répété à nouveau d'une voix étouffée, quasi inaudible, comme s'il se parlait à lui-même, comme s'il avait renoncé à être entendu et à implorer notre clémence.

Nous l'avons assis sur la banquette arrière du taxi, entre Fleuve et moi ; Grand Oncle est monté à l'avant, à côté de Dragon.

Dragon est sorti du village en conduisant avec les phares éteints. Il ne les a allumés qu'au bout d'une dizaine de minutes, lorsque les silhouettes des dernières maisons se furent noyées dans la nuit. Le chemin de terre était tout défoncé et sillonné de profondes ornières. Par endroits, nous entendions le bruit sourd des herbes et des mottes de boue séchée qui frottaient contre le bas de caisse du taxi. Dragon pestait, répétant que le pot d'échappement ou un câble allaient être arrachés, mais nous devions continuer d'avancer. Carlo fermait les yeux en récitant ses prières. J'ai reconnu le *Je vous salue Marie* en italien :

Santa Maria, Madre di Dio, prega per noi peccatori, adesso e nell'ora della nostra morte...

Nous avons roulé presque au pas pendant une demi-heure, et nous n'avons rencontré personne. Le bosquet dont avait parlé Grand Oncle s'accrochait sur un talus rocheux. Une vingtaine d'arbres de petite taille, peut-être des acacias, avaient réussi à pousser là, dans un enchevêtrement de ronces.

Dragon a garé le taxi au milieu du chemin. J'ai fait descendre Carlo, puis Fleuve et moi l'avons soulevé par les épaules pour le porter au pied du talus, tandis que Grand Oncle et Dragon nous suivaient en emportant la pelle et la pioche.

Quand ils nous ont rejoints, Carlo a aperçu les outils. Son corps est devenu tout flasque et a glissé entre nos mains. Il est tombé à genoux sur le sol, baissant la tête dans une position de soumission. Le moment était venu de l'achever.

J'ai sorti le pistolet de ma poche et j'ai inspiré profondément plusieurs bouffées d'air pour me donner du courage. Il me restait juste à armer la culasse et à appuyer sur la détente en visant la tête de Carlo. J'ai senti que mes mains tremblaient.

— Qu'attends-tu ? a lancé Dragon.
— Je ne sais pas si je vais y arriver…
— Allez !
— J'peux pas.
— Passe-moi le pistolet !
— Non. Je dois venger Jade moi-même.

J'ai resserré mes mains sur l'arme, comme pour empêcher Dragon de s'en saisir, et mon tremblement a disparu. Dans une ou deux minutes, Carlo serait mort. Pour toujours. Il n'y aurait aucun moyen de faire remonter le temps. Je devais peut-être demander à Carlo s'il désirait exprimer une dernière volonté. Je devais peut-être lui faire mes adieux, lui dire une dernière fois combien je le haïssais, lui avouer droit dans les yeux que j'allais le tuer. Ensuite, il serait trop tard…

— Carlo, m'entends-tu ?

Il a secoué la tête sans la relever.

— Je vais te tuer.
— Je sais…
— À quoi penses-tu ?

Il n'a pas tout de suite répondu. Il a fondu en larmes, puis a soupiré :

— Je ne veux pas mourir…
— Tu m'as fait trop de mal, Carlo. Tu as tué ma femme. Tu m'as rendu fou.
— Pitié ! Pitié !
— Regrettes-tu quelque chose ?
— Oui, je regrette… Je regrette, bien sûr.

Carlo n'était pas sincère. Non seulement il ne disait pas ce qu'il regrettait, comme s'il refusait de reconnaître les crimes qu'ils avaient commis, mais encore il ajoutait l'expression « bien sûr ». Il me faisait penser à ces personnes qui disaient à un être cher : « Je t'aime beaucoup », au lieu d'un « Je t'aime » tout court, l'adverbe *beaucoup* minorant en fait leur déclaration d'amour. Jade, ma femme chérie, ne m'avait jamais dit : « Je t'aime beaucoup » ou « Je t'aime bien ». Elle me disait juste : « Je t'aime ». Quand on aime, on aime tout court. Et c'est pareil pour les regrets. Carlo n'aurait jamais dû rajouter « bien sûr ». Il s'était trahi. Il ne reconnaissait aucun de ses crimes. Pour commencer, il n'avait même pas conscience d'avoir nui à autrui. Il ne changerait jamais. Je lui ai dit :

— Carlo, je te hais à un tel point que je sacrifierais tout pour te tuer. Je suis prêt à être jugé et condamné à mort.

Tenant la crosse du pistolet dans la main droite, j'ai ôté le cran de sûreté, et j'ai fait coulisser la culasse de la main gauche. J'ai du m'y reprendre à deux fois tant le ressort était dur, mais j'ai réussi à faire monter une munition dans la chambre, et le chien s'est armé. En entendant le bruit des pièces métalliques en mouvement, Carlo a redressé la tête et s'est tourné vers moi, le visage baigné de sueur et de larmes. Il a ouvert la bouche, mais aucun son n'est sorti. Dans mon dos, Dragon a crié :

— Vas-y ! Tire ! Tire !

J'ai pointé le canon contre la tempe de Carlo et j'ai fermé les yeux. J'ai revu le beau visage asiatique de Jade, ses longs cheveux de jais, puis le petit trou rouge que la balle de 22 long rifle avait creusé dans son front. Et soudain, un bruit de canon a déchiré le silence de la nuit, tandis que le pistolet, par l'effet de recul du coup de feu, me déséquilibrait en arrière. Carlo s'est écroulé face contre terre. Des flots de sang ont giclé… C'était horrible.

Je ne voulais pas voir le cadavre de Carlo. J'ai couru me réfugier dans la voiture. Je ne regrettais rien, mais une énorme fatigue s'emparait de moi et je ne pouvais me retenir de pleurer.

Une vingtaine de minutes plus tard, Grand Oncle et mes beaux-frères m'ont rejoint. Ils n'ont pas prononcé un mot.

Nous avons déposé Grand Oncle chez lui, puis nous sommes rentrés à Pékin. En chemin, Dragon m'a dit qu'il avait fouillé Carlo avant de l'enterrer. Il avait trouvé son passeport, un carnet d'adresses, un billet d'avion et un portefeuille contenant neuf mille dollars américains et quelques centaines de yuans. Il avait brûlé tous les documents et avait donné l'argent à Grand Oncle. Il m'a demandé s'il avait bien fait. J'ai répondu :

– Oui. C'est ce qu'il fallait faire. Merci.

Mes yeux se sont posés sur la grosse enveloppe en papier kraft que Carlo avait retirée à la poste-restante. Elle était tombée sur le plancher du taxi quand nous nous étions battus. Je l'ai ramassée. Elle avait été envoyée des Philippines. Que contenait-elle ? Des photos d'enfants, des revues pédophiles, des papiers administratifs, ou peut-être un dossier d'avocat ? Une fraction de seconde, j'ai été tenté de l'ouvrir, mais je l'ai tendue à Dragon :

– Tiens, tu brûleras ça aussi. Je ne veux rien savoir de plus sur l'Italien.

Il ne restait rien de Carlo.

Je pouvais penser à me reconstruire, je devais réapprendre à vivre sans Jade, sans haine. Je le ferais parce qu'elle m'avait demandé de prendre soin de nos enfants.

Épilogue

Ailleurs

J'ai tué un homme.
J'ai vengé Jade et je suis toujours en liberté.

Je ne suis pas resté en Chine. Je suis rentré tout de suite en France, j'ai récupéré mes filles, j'ai vendu mon appartement, puis, fin novembre 2003, nous sommes partis tous les trois nous installer dans un pays africain. J'ai changé d'identité en achetant un passeport volé et j'ai investi mon argent dans une coopérative avicole. Si tout va bien, j'aurai de quoi vivre jusqu'à la fin de mes jours. En réalité, je n'ai plus trop l'occasion de penser à la mort. Mes filles et moi sommes heureux dans notre nouvelle patrie où les problèmes se règlent au pied de l'arbre à palabres, où il n'y a guère de bureaucratie, où il n'y a encore ni supermarchés, ni compagnies d'assurances, ni multinationales…

Nous habitons une grande paillote en bord de mer. Chaque matin, Anaïs et Kim vont à l'école, et moi, je livre mes volailles avec une vieille Peugeot 504 break. L'après-midi, nous paressons sur la plage. Nous nous baignons et nous jouons au ballon avec les autochtones. Je n'ai jamais eu autant d'amis. J'apprécie l'humeur accommodante des gens de ce pays.

Le mois dernier, j'ai acheté une barque. Quand la mer est calme, nous sortons pêcher à la traîne. Hier, Anaïs a attrapé un barracuda de douze kilos, le même chiffre que son âge. Elle l'a sorti de l'eau toute seule. Elle exultait.

Tel est le train-train de notre existence depuis deux ans. Mes enfants et moi n'avons jamais été aussi proches. Nous profitons du bonheur d'être ensemble, en famille. Si seulement Jade pouvait nous rejoindre, si seulement nous avions eu l'idée de vendre notre appartement et de venir ici avant qu'elle se suicidât…

À propos de mon procès, je n'ai plus jamais entendu parler de Pignon ni de Mondinvest. J'ignore si, après mon départ de France, ils ont tenté de faire exécuter ma condamnation, de se faire payer… Ils peuvent toujours me chercher ! Luc H. n'existe plus, et la justice européenne peut le recondamner dix ou cent fois, je m'en moque à présent.

Composition et mise en pages : FACOMPO, LISIEUX

Achevé d'imprimer en août 2006
par Novoprint (Barcelone)

Dépôt légal : septembre 2006

Imprimé en Espagne